Über die Autorin:

T. Sedlar, Jahrgang 1972, geboren in Salzburg, ist heute Unternehmensberaterin und diplomierter systemischer Business & Management Coach. Nach langjährigen Auslandsaufenthalten in den USA, wo sie ihre akademischen Ausbildungen absolvierte, und anschließend viele Jahre in Kanada als Immobilienmaklerin tätig war, lebt sie heute glücklich mit ihrem Mann in Österreich.

Durch ihre internationalen Arbeitserfahrungen bis in die höchste Managementebene in den Bereichen Bildung, Verkauf und Marketing bringt sie nach dem Paretoprinzip, Menschen in kurzer Zeit die wichtigsten 20 % des Wissens verschiedener Themen näher, die in vielen Fällen 80 % erfolgreicher Entscheidungen ausmachen. Sie weiß aus eigener Erfahrung, dass man weder alles bis ins Detail wissen kann noch muss. Jedoch führen wichtige „Schlüsselinformationen", eine gute Strategie und deren Umsetzung zu erfolgreichen und glücklichen Entscheidungen – im privaten sowie beruflichen Leben.

Für Menschen,

die von einem Eigenheim träumen.

Für Eltern,

die das gemeinsame Projekt des ersten Immobilienkaufes ihrer Töchter und Söhne mitbegleiten möchten.

Für all jene,

die einen guten und unabhängigen Leitfaden für den Kauf einer Wohnimmobilie suchen.

VORWORT **1**

MIETE ODER KAUF? **7**

Finanzielle Vorteile eines Eigenheims 12
Nachteile eines Eigenheims 20

WELCHES EIGENHEIM PASST ZU MIR? **25**

Eigenschaften des Eigenheims 25
Lage, Lage und nochmals Lage – Warum ist diese so wichtig? 32
Finanzierungsrahmen erfahren 36
Übliche Nebenkosten bei einem Immobilienkauf 43

PASSENDE IMMOBILIEN FINDEN **47**

Übliche Timeline vom Angebot bis zum Einzug 53
Übliche monatliche Eigenheimfixkosten 57

IHR EXPERTENTEAM **62**

Immobilienmakler 63
Besichtigungstermin und wichtige Fragen *68*
Die richtige Immobilie gefunden – Was nun? *82*
Kaufangebot stellen inklusive möglicher Bedingungen *90*
Kaufpreisstrategie – realistische Kaufpreise *98*
Der Immobiliensachverständige 104
Die Bank – die beste Finanzierung auswählen 108
Nominaler versus effektiver Zinssatz *115*
Sondertilgungen *116*
Zusätzliche Förderungsmöglichkeiten *118*
Notar oder Rechtsanwalt 122
Sichere Bezahlung des Kaufpreises *127*
Kaufvertrag *132*

GRUNDBUCH, EINVERLEIBUNG, EIGENTUM **135**

SCHLÜSSELÜBERGABE **138**

SCHLUSSWORT **141**

QUELLEN: **143**

Vorwort

AUTORIN UND MOTIVATION

Immer wieder werde ich gefragt, ob ich als erfahrene Immobilienmaklerin beim Kauf eines Immobilienobjekts anwesend sein kann. Es freut mich, endlich der großen Nachfrage meiner Freunde und Bekannten nachzukommen und mein Wissen als ehemalige Immobilienmaklerin in Form dieses Buches an Erstkäufer weitervermitteln zu dürfen.

Vielen Menschen, die eine Wohnung oder ein Haus mieten, ist nicht wirklich bewusst, dass sie ihrem Vermieter durch die monatliche Miete einen Kredit abzahlen und diesem dadurch über längere Zeit die Immobilie „finanzieren“. Man könnte die ähnliche monatliche Miete aber auch in ein „Sparschwein“ als eigene Investition einzahlen (Eigenheim kaufen), anstatt diese in eine Immobilie zu investieren, die später dann der Vermieter besitzt.

In den meisten Fällen ist die Anschaffung einer Immobilie eine der größten Investitionen im Leben einer Privatperson. Obwohl fast jeder „zweite“ Bürger ein- bis zweimal im Leben eine Immobilie kauft, kann man natürlich kein Experte auf diesem Gebiet sein. Vieles ist neu, man hat noch keinen Überblick und ist deshalb vorsichtig. Das ist ganz normal. In meinem Berufsleben als langjährige Vertriebsdirektorin habe ich gelernt, dass man weder alles über ein Thema bis ins kleinste Detail wissen kann noch muss, denn man würde sonst nie Entscheidungen treffen. Sie sollten allerdings die wichtigsten Informationen kennen, um effektive Entscheidungen erfolgreich treffen zu können.

Viele Menschen verlieren sich bei einem neuen Thema in unzählige Details. Vielleicht kennen Sie die „Analysis Paralysis": Man hat zu viel Informationen, analysiert und überdenkt diese ständig, verliert den roten Faden und kann weder klar denken noch handeln. Man traut sich einfach keine Entscheidungen zu treffen. Vielleicht haben Sie ja auch schon von dem „Pareto-Effekt" gehört, der besagt, dass 80 % der Ergebnisse meist mit 20 % des Gesamtaufwandes bzw. Einsatzes erreicht werden. Dieses Gesetz lässt sich auf vieles im Leben anwenden. Sie werden die effektiven 20 % des Immobilienkaufwissens in diesem Buch kennenlernen.

Ich selbst habe über zehn Jahre in Kanada und den USA verbracht. Ich habe dort studiert, gelebt und gearbeitet, bevor ich mir dann vor einigen Jahren in Österreich mit meinem Mann unseren gemeinsamen Traum vom Eigenheim verwirklicht habe. Nachdem ich viele Jahre in den Provinzen Quebec und Ontario (Kanada) als lizenzierte Immobilienmaklerin Käufer und Verkäufer erfolgreich bei ihren Immobilieninvestitionen begleitet habe – Kundenservice wird auf dem amerikanischen Kontinent besonders groß geschrieben – bin ich als Käuferin in Österreich persönlich der Frustration des Immobilienkaufes begegnet: Eine generelle Übersicht aller zum Verkauf angebotenen Immobilien fehlt, eine kompetente Käuferberatung ist meist auf minimale Informationen beschränkt und nicht selten muss man sich die einzelnen Schritte und wichtigsten Informationen mühsam selbst zusammensuchen.

Mein Ziel als ehemalige Immobilienmaklerin ist, Ihnen als Käufer einen aus meiner Erfahrung informativen und unabhängigen Leitfaden für den Kauf Ihres Eigenheims zu bieten. Es ist mir ein persönliches Anliegen, Ihnen eine Art „Expertenwissen" auf diesem Gebiet zu vermitteln, damit Sie den Prozess eines Immobilienkaufes in aller Kürze schon vorher im Geiste durchlaufen können, dadurch selbstbewusster an die Immobiliensuche herangehen, häufige Fehler vermeiden, gute Kaufentscheidungen treffen, unnötige Kosten sparen und mit Ihrem Expertenteam sofort auf Augenhöhe zusammenarbeiten. Dieses Buch beantwortet Fragen wie: Ab welcher Miethöhe zahlt es sich aus, in eine eigene Immobilie zu investieren? Ab wann qualifiziere ich mich für eine Immobilienfinanzierung? Mit welchen Kosten muss ich beim Kauf einer Immobilie rechnen? Wie und wo finde ich die richtige Immobilie? Worauf muss ich beim Kauf achtgeben? Wie funktioniert das Angebot und wie sind die nächsten Schritte beim Notar/Rechtsanwalt? Wie lange dauert es, bis ich die Immobilie besitze? Zusätzlich erwähne ich kurze, einfache Rechenbeispiele, die jeder leicht nachrechnen kann. Keine Angst, man muss dazu kein Zahlengenie sein.

ZUM BUCH

Dieses Buch ist einfach und verständlich geschrieben und primär als kompakter, unabhängiger Leitfaden und Einstiegshilfe für Neulinge konzipiert. Es ist an die Zielgruppe der Erstkäufer gerichtet, also an jene, die sich gerne den Traum ihres Eigenheims – Haus oder Wohnung – verwirklichen möchten. Es beinhaltet einen sehr geballten Wissensschatz, der Ihnen innerhalb kurzer Zeit – also in ungefähr drei bis vier Stunden – einen Überblick inklusive wertvoller Tipps aus meiner eigenen langjährigen Erfahrung als Immobilienmaklerin gibt. Dieses Buch ermöglicht Ihnen einen schnellen Zugang zum Selbst-aktiv-Werden. Sie werden feststellen, dass Sie anschließend über ein umfassendes Wissen zu diesem Thema verfügen und sofort mit der Immobiliensuche loslegen können. Die generellen Informationen dieses Buches sind auf verschiedene Länder anwendbar.

Wichtige Details werden öfters wiederholt, um sicherzugehen, dass Sie diese auch verinnerlicht haben. Um Gelesenes leichter umzusetzen, werden immer wieder Tipps und Aktionen erwähnt, die Sie bei Interesse gerne bearbeiten können. Wichtig ist, dass Sie sich für die einzelnen Schritte Zeit nehmen und sich nicht drängen lassen. Es ist Ihre Reise zu Ihrem Eigenheim. Genießen Sie diese, denn es ist eine emotionale Reise, die Ihnen viel Freude, Zufriedenheit und Sicherheit in der Zukunft schenken wird.

Für den Lesefluss wurde zur Vereinfachung in diesem Buch die männliche Form gewählt, die aber keinesfalls die Damen der Schöpfung ignorieren soll. Im Gegenteil, diese sind bei den Entscheidungen einer Immobilie in vielen Fällen wichtiger, da sie es meist sind, die der Immobilie in Zukunft die wahre Seele verleihen.

DANKSAGUNG

An dieser Stelle würde ich gerne meinen Eltern danken, die mich an ihrem gemeinsamen Immobilienhobby „mitschnuppern" ließen; meinem Bruder, der selbst ein erfolgreicher Immobilienmakler ist; Freunden und Bekannten, die mich konstant darauf angesprochen haben, doch endlich ein Buch mit meinen Erfahrungswerten und meinem Wissen auf den Markt zu bringen; den Menschen, die mir bei der

Umsetzung dieses Buches geholfen haben, und meinem Mann, der mich stets dazu ermutigt hat, meiner Vision zu folgen. Außerdem danke ich meinen beiden Hunden, die mich in langen Phasen des Schreibens immer wieder lächeln ließen und zwischendurch an die frische Luft brachten.

Miete oder Kauf?

Laut Statista.com (2018) beläuft sich die „Home ownership rate“ bzw. Eigentumsquote von Immobilien in Europa auf ungefähr 69 %, also 69 % der bewohnten Immobilien in Europa sind im Eigentum der Bewohner. Diese Quote liegt in Rumänien, in der Slowakei und in Kroatien sogar bei fast 90 %. Interessanterweise liegen Deutschland und Österreich weit unterhalb dieser Quote. Eine vergleichbare und kostenlose Liste, in der die Länder nach Rang geordnet sind, kann man bei Wikipedia (2019) „List of countries by home ownership rate“ finden. Darin wird ersichtlich, dass Österreich (55%) und Deutschland (52%) sogar hinter den USA und dem United Kingdom (64 %) liegen, das heißt, dass hierzulande nur knapp jeder Zweite seine Unterkunft selbst besitzt.

Es gibt viele Gründe, warum Menschen ein Eigenheim kaufen. Neben den allgemeinen Gründen wie Steigerung der Lebensqualität, Sicherheit, Prestige, Selbstverwirklichung, Verwirklichung gemeinsamer Träume, ein besseres Umfeld für die Kinder und Freiheit spielen auch finanzielle Gründe wie Wertzuwachs, Inflationsschutz, günstige Zinsen, steuerliche Vorteile, Altersvorsorge etc. eine Rolle. Ein Eigenheim bietet eine gewisse Sicherheit und Unabhängigkeit, denn man kann das Eigentum gestalten und verändern, wie man will. Ein emotionaler Faktor, den man oft nicht genug beachtet, ist, dass man sich im Eigenheim ganz anders bewegt und lebt als in einer gemieteten Unterkunft. Erinnern Sie sich noch an das Gefühl, als Sie Ihr erstes Auto gekauft haben oder die ersten Möbel? Diese prickelnde Aufregung, endlich etwas Eigenes zu besitzen, diese emotionale Freude, persönliche Freiheit und Unabhängigkeit? Ein Immobilieneigentum ist ähnlich, das Gefühl ist aber viel stärker, denn es ist Ihr „kleines Paradies", in das Sie sich gemütlich zurückziehen und in dem Sie jederzeit neue Energie im Kreise Ihrer Familie tanken können.

Einer der wichtigsten Gründe für mich ist, wie schon im Vorwort erwähnt, dass man eine Investition in sich selbst tätigt, statt jemand anderem eine Immobilie durch die Miete zu finanzieren. Denn das Geld für die Miete ist für immer im Eigentum des Vermieters. Also warum nicht gleich in sich selbst investieren?

Aber wann zahlt sich der Kauf einer Immobilie aus?

Viele Menschen leben sehr angenehm in einem Mietverhältnis und sind durchaus glücklich und zufrieden – und dagegen ist auch nichts einzuwenden. Manche zahlen ein Leben lang Miete, andere überlegen immer wieder, wie vielleicht auch Sie jetzt, ob es nicht einmal Zeit wird, in eine eigene Immobilie zu investieren. Um herauszufinden welchen Kaufpreis Sie mit Ihrer momentanen Miete eventuell finanzieren könnten, lassen Sie sich folgende einfache Rechnung durch den Kopf gehen. Sie können Ihre derzeitige Mietimmobilie (Haus oder Wohnung) als gutes Beispiel nehmen.

Als generelle Faustregel gilt Folgendes:

Nehmen wir an, Sie zahlen im Monat € 800 oder € 1.000 Euro Kaltmiete (ohne Strom, Warmwasser etc.). Ein Immobilienkredit/Darlehen hat eine durchschnittliche Laufzeit von 25 bis 30 Jahren, bis dieser abgezahlt ist.

Kaltmiete € 800/Monat * 12 Monate = € 9.600/Jahr * 25 Jahre = € 240.000

Kaltmiete € 1.000/Monat * 12 Monate = € 12.000/Jahr * 25 Jahre = € 300.000

Diese Faustregel geht von einer vereinfachten Rechnung aus, da angenommen wird, dass die Miete über die nächsten Jahre gleich hoch bleibt. Das heißt, wenn Sie als Mieter dieselbe konstante Kaltmiete über die nächsten 25 Jahre einem oder verschiedenen Vermietern zahlen, dann zahlen Sie in 25 Jahren dem Vermieter mindestens € 240.000 bzw. € 300.000 an Mietkosten. Dadurch helfen Sie dem Vermieter die Immobilie abzuzahlen. In Realität jedoch zahlen Sie weit mehr, da die Mieten über die Jahre durch Inflationsanpassungen stetig steigen. Zusätzlich haben Sie als Mieter keinen Anspruch auf einen eventuellen Wertanstieg der Immobilie, da diese ja dem Vermieter gehört, obwohl Sie es sind, die dessen Kredit durch Ihre Mietzahlungen abzahlen.

Im Gegensatz zu den Mietzahlungen, die stetig steigen, verringert sich eine Kreditsumme durch monatliche Kredittilgungen – also die Kreditrückzahlung des Vermieters oder vielleicht Ihre eigene – über eine Laufzeit von vielen Jahren, bis diese vollständig abgezahlt ist. Mit der Kaltmiete, den derzeit günstigen Zinsraten und ein bisschen Eigenkapital könnten Sie sich eventuell schon jetzt für einen Kredit qualifizieren. Damit könnten Sie mit der gleichen Kaltmiete, die Sie jetzt schon zahlen, einen Kredit für eine ähnliche Immobilie wie die, in der Sie jetzt wohnen, jährlich abzahlen und dadurch schon in IHR Eigentum investieren.

Tipps und Aktionen:

Werden Sie sich bewusst, wie viel Kaltmiete Sie pro Monat an Ihren Vermieter zahlen.

- Wie viel zahlen Sie Ihrem Vermieter pro Jahr an Miete?
- Wie viel Miete haben Sie Ihrem Vermieter in den letzten fünf bis zehn Jahren schon gezahlt und wo ist dieses Geld jetzt?
- Wie viel Miete würden Sie Ihrem Vermieter über die nächsten 25 bis 30 Jahre zahlen?
- Um einen guten Überblick zu bekommen, suchen Sie sich im Internet ein paar ähnliche Immobilien wie Ihre (Größe, Gegend, Anzahl der Schlafzimmer etc.) und vergleichen Sie die gängigsten Kauf- und Mietpreise. Sie werden feststellen, dass einige Immobilien dabei sind, die Sie sich mit Ihrer „derzeitigen Miete als Kreditrückzahlung“ eventuell jetzt schon leisten könnten. **VORSICHT**: Sie werden auch entdecken, dass die Preise für die gleiche Immobilie in unterschiedlichen Lagen unterschiedlich hoch sind. Das ist ganz normal, denn gute Lagen sind generell etwas teurer.

Finanzielle Vorteile eines Eigenheims

Es gibt verschiedene finanzielle Vorteile eines Eigenheimes, im Folgenden möchte ich Ihnen die wichtigsten aufzählen.

Kapitalanlage: Mieter zahlen jeden Monat die Miete. Dieses Geld fließt meist direkt in die Kreditrückzahlung des Vermieters/Eigentümers, denn nur selten hat ein Vermieter die von Ihnen bewohnte Immobilie bereits komplett abbezahlt. Also könnte man sagen, fast jeder Mieter „finanziert" seinem Vermieter auf lange Sicht eine Immobilie. Natürlich hat man als Mieter weniger Verantwortung und Aufwand, da einem die Immobilie nicht gehört, aber dafür auch keine Kapitalanlage/Geldanlage und den damit verbundenen möglichen Gewinnzuwachs bzw. eine Wertsteigerung. Am Ende geht man als Mieter finanziell immer leer aus, denn das liebe Geld, das man an Mietzahlungen geleistet hat, ist weg, nämlich immer im Eigentum des Vermieters.

Altersvorsorge: Hat man das Eigenheim nach 25 bis 30 Jahren abgezahlt, könnte man es zum zukünftigen Marktwert (inklusive möglicher Wertsteigerung) verkaufen und dann im Alter wieder in eine Mietwohnung ziehen, ohne sich um irgendetwas kümmern zu müssen. Stellen Sie sich vor, Sie hätten in unserem Rechenbeispiel dadurch eine sogenannte „Zusatzpension" von mehr als € 240.000 bis € 300.000 (zuzüglich des Gewinnzuwachses), wenn Sie Ihr Eigentum im Alter verkaufen und wieder in eine Mietwohnung ziehen würden. Was könnten Sie mit diesem Geld im Alter alles unternehmen? Sie hätten eine gewisse finanzielle Sicherheit und wären vom staatlichen Pensionssystem unabhängiger. Sie könnten sich weiter Ihre Träume erfüllen oder im Alter günstig in Ihrem Eigenheim leben, da es abbezahlt ist, und es dann Ihren Nachkommen vererben. Vieles wäre möglich. Es ist allein Ihre Entscheidung!

Inflationsschutz: Die jährliche Inflationsrate beträgt derzeit in Österreich ungefähr 1,6% (laut Wirtschaftskammer Österreich „Inflationsraten 1995-2020“) und entwertet Ihr Bargeld. Das heißt, wenn Sie € 1.000 (Bargeld) auf dem Sparbuch liegen lassen, werden diese € 1.000 jedes Jahr um 1,6 %, also € 16, weniger wert. Sie hätten nach einem Jahr von den € 1.000 nur noch € 984 übrig. Um den Wert zu halten, sollten die Preise der Güter und Dienstleistungen – inklusive Ihres Gehalts – jedes Jahr mit der jährlichen Inflationsrate ansteigen. Wenn die Preise in die Höhe schnellen, steigen meist auch etwas zeitversetzt die Mietpreise. In manchen Firmen wird das Gehalt nicht mit der jährlichen Inflationsrate erhöht, aber die Mietpreise steigen trotzdem.

Immobilien zählen generell zu den Sachwerten und sind relativ wertbeständig. Das heißt, der Wert der Immobilie steigt mit der Inflation, während das Bargeld durch die Inflation weniger wird (Sparbuch, Gehalt etc.). Sachwerte wie Immobilien, Gold etc. profitieren generell von der Inflation, sie sind also inflationsgeschützt und steigen automatisch mit der Inflation mit. Wenn Sie also Ihr Eigenheim selbst bewohnen und sich dieses in einer guten Lage und in gutem Zustand befindet, könnte man fast von einem „doppelt positiven" Effekt der Inflation sprechen. Erstens von der Wertsteigerung der Immobilie durch die jährliche Inflation (Sachwert) und zweitens vom Werteverlust der Kreditschulden (Geld), die durch die Geldentwertung an Wert verlieren und weniger werden. Das heißt, die Kosten der Kreditschulden bleiben dadurch relativ gering (Geldwert sinkt mit der Inflation), während der Wert der Immobilie steigt (Sachwert steigt mit der Inflation).

Steuerliche Vorteile: In einigen Ländern werden Darlehen bzw. Kredite für Wohnraumschaffung und -sanierung steuerlich als Sonderausgabenabzug berücksichtigt. Bei der jährlichen Einkommensteuererklärung könnte man unter Sonderausgaben die jährlichen Zinsen für die Rückzahlung des Kredits von der Einkommensteuer absetzen. Dadurch verringert sich die jährliche Steuerzahlung an den Staat, wodurch manche in eine niedrigere Steuerklasse fallen könnten. Bitte erkundigen Sie sich bei Ihrem Finanzamt, ob dies in Ihrem Land möglich ist. Wenn ja, sollten Sie sich am Jahresende mit Ihrer Bank in Verbindung setzen und sich diesbezüglich ein Schreiben für die Vorlage beim Finanzamt ausstellen lassen.

Fallende monatliche Ausgaben: Im Laufe der Jahre bleibt die monatliche Kreditrückzahlung stets gleich bzw. vermindert sich in den letzten Jahren durch die Verringerung der ausstehenden Kreditsumme, während sich Mieten generell durch die Inflation erhöhen. Wenn Sie als Eigentümer den Kredit zur Gänze abgezahlt haben, besitzen Sie eine Wertanlage (Investition), die Sie entweder gegen Bargeld verkaufen, vererben oder in der Sie selbst im Alter günstig leben können. Natürlich zahlt man auch Zinsen und Gebühren für den Kredit, aber diese sind üblicherweise in der monatlichen Rate über die nächsten 25 bis 30 Jahre so eingerechnet, dass Sie diese kaum spüren. Bleiben Sie jedoch in einer Mietwohnung, zahlen Sie ein Leben lang Miete, die durch die Inflation stetig steigen wird, und finanzieren dadurch die Immobilie des Vermieters statt Ihre eigene.

Hebelwirkung und Sicherheit: Für eine Immobilieninvestition muss man üblicherweise 15 bis 25 % des Kaufpreises als Eigenkapital nachweisen. Welche Investitionen kennen Sie, mit der Sie durch einen geringen Bargeldeinsatz

(Eigenkapital) von durchschnittlichen 20 % eine gewaltige Investition von einigen Hunderttausenden tätigen können? Eine Investition, die Sie durch die Bürgschaft der Bank (Hypothekarkredit als Miteigentümer) auch noch finanziell unterstützt, damit Sie in Ihr Immobilieneigentum sogar schon innerhalb weniger Monate einziehen können und eventuell eine monatliche Kreditrückzahlung ähnlich Ihrer derzeitigen Miete zahlen? Die Bank hilft Ihnen sozusagen, Ihr Kapital auf lange Sicht zu vermehren und dieses im Großen und Ganzen relativ sicher in eine Immobilie anzulegen. Bei guter Bonität könnte der Eigenkapitaleinsatz von 20 % bei verschiedenen Banken sogar noch geringer sein. Die Bank stellt Ihnen also ein großes Darlehen zur Verfügung und steht zur eigenen Absicherung neben Ihnen auch selbst im Grundbuch (Hypothekarkredit). Solange Sie die monatlichen Rückzahlungen tätigen, kann Ihnen nicht viel passieren. Wohnen müssen Sie sowieso irgendwo, also warum nicht „die Miete als Investition" in Ihr eigenes Heim in Form einer Kreditrückzahlung investieren?

Banken sind generell an Immobilieninvestitionen interessiert, da diese für die Banken in vielen Fällen sichere und langfristige Investitionen sind. Sollten Sie im schlimmsten Fall Ihren monatlichen Kreditrückzahlungen nicht mehr nachkommen können, könnten Sie mit der Bank sprechen und eventuell eine andere Lösung finden (z. B.

Aufschiebung der monatlichen Rate für ein paar Monate und/oder Verlängerung des Rückzahlungszeitraumes etc.). Im schlimmsten Fall bleibt Ihnen immer noch die Variante, Ihre Immobilie wieder zu verkaufen, den Kredit dadurch abzuzahlen und wieder in eine Mietwohnung zu ziehen. Wenn die Immobilie gut gewählt und nicht zu einem überhöhten Kaufpreis erworben wurde, könnten Sie beim Verkauf sogar noch einen Gewinn machen, sollte der Wert der Immobilie in der Zwischenzeit gestiegen sein oder Sie die Immobilie unter Ihrem Wert gekauft haben.

Sie müssen wissen, dass die wenigsten Menschen eine Immobilie komplett mit Eigenmitteln kaufen, ohne eine Kreditfinanzierung aufzunehmen. Aus diesem Grund helfen viele Banken bei der Finanzierung, sodass man sich mit geringem Eigenkapital (durchschnittlich 20 % des Kaufpreises) ein relativ teures Investment wie eine Immobilie leisten kann. Es entsteht also eine Art Hebelwirkung, und man kann dadurch schon in kurzer Zeit in das Eigenheim einziehen, statt 20 bis 30 Jahre zu warten, bis man das gesamte Geld zusammengespart hat. Solange Sie die monatliche Tilgung Ihres Kredites leisten, werden Sie nicht viel von Ihrer Bank hören. Denn Banken sind in vielen Fällen weniger an der Immobilie selbst interessiert als vielmehr an den regelmäßigen monatlichen Kreditrückzahlungen.

Viele Vermögen der Nachkriegszeit sind unter anderem auch durch Immobilienbesitz entstanden, da diese Generation in Immobilien investiert hat. Es war eine Zeit des Wiederaufbaus, und viele Menschen dieser Generation bzw. deren Nachkommen besitzen heute ihr eigenes Heim, obwohl die Kreditzinsen damals viel höher waren als die derzeitigen Kreditzinsen. Mein Vater erzählte mir noch von Kreditzinsen in der Höhe von 8 bis 12 %. In den letzten Jahren gab es sogar Zinssätze mit einer fünf-, zehn-, manchmal sogar 15-jährigen Fixbindung, und die Zinssätze haben sich in den letzten Jahren von 6 % sogar auf 1 bis 3 % verringert. 2019 befinden wir uns immer noch auf einem relativ niedrigen Kreditzinsniveau, das heißt, es ist derzeit günstig, einen guten Kredit aufzunehmen.

VORSICHT: Man sollte jedoch mit diesem derzeitigen niedrigen Zinsniveau sehr behutsam umgehen, um sich nicht zu sehr finanziell zu verausgaben. Denn steigen die Zinssätze in Zukunft an, kann es leicht zu unangenehmen Überraschungen kommen, wenn Sie Ihren Kreditrahmen bis zum Maximum ausgeschöpft haben. Tun Sie das nicht! Deswegen sind auch Fixzinssätze (im Gegenteil zu variablen Zinsen) interessant, eben weil das Zinsniveau derzeit sehr niedrig ist. Dadurch kann man Zinssätze für einen bestimmten Zeitraum fixieren, vor allem, wenn Zinsen in Zukunft steigen.

Es gibt unterschiedliche Meinungen darüber, ob und warum sich der Erwerb eines Eigenheims lohnt. Realität ist: Wenn die Gesamtmiete (Miete plus Betriebskosten) einer Immobilie ähnlich hoch ist wie die Kosten der Kreditrückzahlung (plus Betriebskosten), dann zahlt sich der Kauf einer ähnlichen Immobilie in einer guten Lage auf lange Sicht aus. Auf diese Weise kann man durch den Kauf eines Eigenheims das eigene Kapital „relativ sicher“ über 20 bis 30 Jahre anlegen und vermehren, statt in den Vermieter und in dessen Immobilie zu investieren.

Nachteile eines Eigenheims

Natürliche gibt es auch unterschiedliche Gründe, warum manche Menschen nicht in ein Eigenheim investieren. Dabei spielen in erster Linie folgende Überlegungen eine Rolle:

Eigenkapital-Investition: Manche Menschen haben Schwierigkeiten, das Eigenkapital (durchschnittlich 20 %) zusammenzusparen, um den Vorteil der Hebelwirkung und Wertevermehrung eines Immobilienkaufes langfristig zu nutzen. Verschiedene Banken verlangen unterschiedliche Höhen an Eigenkapital (Bargeld), manchmal sogar deutlich weniger als die durchschnittlichen 20 %. Eigenkapital lässt sich aus verschiedenen Quellen zusammensetzen, z. B. aus selbst Erspartem, vererbtem Geld, geschenktem Geld, Geld von Eltern und/oder Großeltern, einem Bausparvertrag, einem eigenen Business, einem zusätzlichen Nebeneinkommen, Lebensversicherungen, Aktiengewinne, einem verkauften Grundstück etc.

Örtliche Gebundenheit: Mit einem Eigenheim ist man an einen Ort gebunden, bis man dieses entweder wiederverkauft oder an jemanden vermietet, der Ihnen dann die Immobilie durch die Miete über die nächsten Jahre finanziert. Wichtig ist hier, den Fokus auf eine Immobilie in einer guten Lage zu legen, damit einerseits eine Wertsteigung der Immobilie möglich ist und andererseits sich diese leicht vermieten lässt. Ist man selbst gerne viel unterwegs und möchte an verschiedenen Standorten leben, wäre eine Eigentumswohnung mit geringem Wartungsaufwand (z. B. ohne Garten etc.) leichter in Stand zu halten als ein Haus. Man könnte dann die eigene Wohnung vermieten und trotzdem in verschiedenen Ländern leben, bliebe also dadurch unabhängig. Der Vorteil wäre hier, dass gleichzeitig ein Mieter den Kredit der eigenen Immobilie finanziert, die einem später als Wertanlage dann zur Verfügung steht. So ist man selbst jederzeit ortsunabhängig und hat trotzdem ein zusätzliches Investment, über das man auch im Alter frei verfügen kann.

Immobilienpreise: Üblicherweise sind Immobilien in sehr guten, attraktiven Standorten viel teurer. Man kann aber auch günstigere Immobilien in guten Lagen bzw. Stadtrandbezirken finden. Immobilienpreise schwanken immer wieder, aber langfristig (25 bis 30 Jahre) sind Immobilien generell eine relativ sichere Anlage. Bekanntlich bekommt man für einen ähnlichen Kaufpreis in durchschnittlich guten Lagen oft eine größere und schönere Immobilie als in den teuren, attraktiven Stadtteilen.

Steuerliche Nachteile: In manchen Ländern hat es einen Steuernachteil, wenn man die Immobilie innerhalb von weniger als zehn Jahren nach dem Anschaffungszeitpunkt verkaufen möchte, da man auf einen eventuellen Wertzuwachs/Gewinn innerhalb der ersten zehn Jahre Steuern zahlen muss. Der Gewinn beim Verkauf des Eigenheims, das man länger als zehn Jahre besessen hat, ist jedoch noch in vielen Ländern steuerfrei. Erkundigen Sie sich, wie das in Ihrem Land gehandhabt wird. Unabhängig davon, hat man bei einem „Gewinn“ Verkauf immer mehr Geld als ein Mieter, der seine Miete nie wiedersieht.

Instandhaltungskosten: Man hat bei der eigenen Immobilie immer wieder Kosten, um diese auf dem neusten Stand zu halten. Deswegen ist es wichtig, beim Kauf darauf zu achten, dass größere Ausgaben, wie z. B. fürs Dach, Fenster, Böden, Anlagen etc., schon vom Vorbesitzer gemacht worden sind, damit man nicht gleich in diese investieren muss; es sei denn, man kauft die Immobilie sehr günstig, also unter dem Marktwert. Manche Menschen kaufen bewusst günstigere Immobilien in guten Lagen und renovieren diese, um sie auf den neuesten Stand zu bringen und dadurch eine gute Wertsteigerung zu erzielen. Einige verkaufen Ihre Immobilie dann wieder und kaufen sich eine neue.

Es gibt unterschiedliche Meinungen, wie viel man für Instandhaltung pro Jahr beiseitelegen sollte. Eine gute Faustregel ist, je nach Standort, Alter und Zustand der Immobilie, jährlich dafür zwischen €7 bis €12 pro Quadratmeter Wohnfläche zu berechnen. Manche raten sogar eine Instandhaltungsrücklage von 0,8% bis 1% des Kaufpreises jährlich auf die Seite zu legen.

Erfahrungswerte zeigen, dass größere Instandhaltungskosten erst nach vielen Jahren anfallen.

- 5 – 15 Jahre für Tapeten, Ausbesserungen und Malerarbeiten, Außenanstrich, etc.
- 20 – 30 Jahre für Heizung, Dachrinnen, Küchen, Bäder, etc.
- 30 – 50 Jahre für Dacheindeckung, Fenster, Türen, Außenputz, etc.

Üblicherweise fallen bei einem Haus etwas höhere Instandhaltungskosten an als bei einer Wohnung.

Wichtig zu wissen ist auch, dass man in einigen Ländern die jährlichen Ausgaben der Instandhaltungskosten des Eigenheimes von der Steuer abschreiben kann. Bitte informieren Sie sich, ob dies in Ihrem Land möglich ist.

Nicht zu unterschätzen ist auch, dass gute Instandhaltungsinvestitionen auf lange Sicht den Wert des Eigenheims halten bzw. vermehren können.

Tipps und Aktionen:

- Werden Sie sich bewusst, aus welchen Gründen Sie in ein Eigenheim investieren möchten. Schreiben Sie diese auf.
- Welche Gedanken und Nachteile haben Sie bis jetzt vom Kauf Ihres Eigenheims abgehalten und warum?
- Was würde Sie zusätzlich abhalten, wenn die monatlichen Kosten der Mietimmobilie ähnlich einer Eigentumsimmobilie wären?

Welches Eigenheim passt zu mir?

Um keine Zeit zu verlieren und den Fokus weiter zu schärfen, sollte man drei wichtige Fragen abklären, bevor man sich aktiv auf die Suche nach dem Eigenheim macht. Diese drei Punkte bilden den Rahmen der Suche:

- Eigenschaften des Eigenheims
- Lage
- Finanzierungsrahmen bei der Hausbank

Eigenschaften des Eigenheims

Die Investition in Ihr Eigenheim ist immer eine sehr emotionale Entscheidung, da dies der heilige Ort ist, in den man sich zurückzieht, wo man sich sicher fühlt, Träume verwirklicht oder ein Familienleben aufbaut. Man sollte sich dort wirklich „pudelwohl“ fühlen, um nach anstrengenden und stressreichen Tagen zur Ruhe zu kommen und wieder Energie zu tanken. Bevor man die Immobiliensuche tatsächlich beginnt, sollte man sich Gedanken darüber machen, wie dieses Eigenheim ungefähr aussehen sollte, welche Eigenschaften einem wichtig sind und was man tatsächlich braucht.

Nehmen Sie ein Blatt Papier und machen Sie sich eine Liste. Legen Sie zwei Spalten an, die bei der Auswahl der richtigen Immobilie sehr hilfreich sein werden, und schreiben Sie verschiedene Punkte darunter auf:

1) UNBEDINGT-Spalte (ohne dies kann ich absolut nicht leben) und eine

2) HÄTTE-GERNE-Spalte (wäre toll, muss aber nicht unbedingt sein)

Manche Menschen bevorzugen ein sogenanntes „Vision Board“, auf dem die Eigenschaften der Wunschimmobilie aufgeklebt werden. Der Vorteil ist hier, dass das visuelle Vorstellungsbild täglich aktiviert wird, wenn man dieses Vision Board sichtbar aufhängt. Es stärkt den Fokus auf die Wunschimmobilie jeden Tag neu.

Bedenken Sie unter anderem folgende Punkte, wenn Sie diese Liste bzw. ein Vision Board verfassen:

Ein Haus oder eine Wohnung, auf dem Land, in der Stadt oder Stadtnähe? Wie sollte das Eigenheim ungefähr aussehen (Größe, Anzahl der Zimmer, Garten, Keller, Garage etc.), über welche Eigenschaften sollte es verfügen? Überlegen Sie auch, wie Sie sich in den nächsten fünf bis zehn Jahren verändern möchten. Will man eine Familie gründen, erwartet man Nachwuchs oder sind die

Kinder schon außer Haus, möchte man noch ins Ausland gehen etc.?

Da der Kauf eines Eigenheims ein sehr emotionaler Kauf ist, ist es wichtig zu wissen, was man ungefähr will, damit man dieses Eigenheim „innerlich energetisch“ anvisiert, und auch erkennt, wenn es dann in verschiedenen Variationen erscheint. Sie kennen sicherlich den Spruch „Energy flows where focus goes“. Ich weiß, viele glauben vielleicht nicht an dieses Prinzip, aber wenn man ganz klar weiß, was man will (also das Ziel kennt), dann erkennt man auch die Chance, wenn sie plötzlich auftaucht. Sie kennen vielleicht auch den Spruch: „Luck is when preparation meets opportunity “. Also „Glück hat man, wenn Vorbereitung und Chance zusammentreffen“, man diese erkennt, ergreift und dadurch auch tatsächlich umsetzen kann, weil man durch die Vorbereitung auch wirklich bereit ist.

Menschen haben immer wieder Chancen im Leben, ergreifen diese aber oft nicht, weil sie diese meist nicht erkennen oder innerlich nicht wirklich darauf vorbereitet sind. Oft „geht es einem dann zu schnell“ oder „man ist sich noch zu unsicher“ oder „wünscht es sich zwar, aber traut dem Ganzen nicht so richtig“. Wenn Ihnen diese Sätze bekannt vorkommen, dann fehlt es in vielen Fällen an der Vorbereitung. Deswegen ist Vorbereitung äußerst wichtig für die Umsetzung! Dadurch setzt man sich mit der Sache viel ernsthafter auseinander, bekommt einen Blick dafür und ist dann, wenn sich die Chance zeigt, auch bereit, zuzugreifen und diese in die Tat umzusetzen.

Es ist wie beim Autofahren. Wenn man das Ziel kennt, kommt man dort meist auch in kürzester Zeit an. Wenn Sie aber nur „irgendwohin" hinfahren möchten und weder wissen, wo Sie sich befinden, noch wohin Sie fahren wollen, wird es schon viel schwieriger und dauert oft viel länger. Hat man also keine klaren Vorstellungen, verläuft auch die Immobiliensuche viel chaotischer, zielloser und länger als nötig, und kann sehr ermüdend enden. In diesem Zustand trifft man generell meist keine guten Kaufentscheidungen.

Also sollten Sie das Ziel so genau wie möglich definieren, damit Sie das Objekt erkennen und zugreifen können, wenn es plötzlich so weit ist. Denn wenn dann viele Käufer an „Ihrer" Immobilie interessiert sind, muss es schnell gehen. Sind Sie gut vorbereitet, erkennen Sie die Situation und können dann auch schnell „zugreifen" und entscheiden. Wenn Sie einen Partner haben, sollten Sie dies unbedingt gemeinsam machen, um die Wünsche und Träume beider zu vereinen und damit die Rahmenbedingungen für die gemeinsame Immobilie zu definieren.

Beim Besichtigen verschiedener Immobilien werden Ihre Vorstellungen dann noch konkreter und verändern sich leicht. Das ist ganz normal und auch gut so, denn wenn Sie sich in einer Immobilie befinden, wird Ihnen nochmals emotional bewusst, was Ihnen wirklich wichtig ist (UNBEDINGT-Spalte), womit Sie leben können und womit nicht. Beim Immobilienkauf werden sich Ihre Wünsche und Vorstellungen nie zu 100 % erfüllen, aber 80 % bis 90 % sollten es auf jeden Fall sein. **VORSICHT:** Kaufen Sie keine Immobilie, in der nur ein Partner glücklich ist, denn für das Familienglück ist das „richtige" Eigenheim, in dem sich beide wohlfühlen, sehr wichtig.

Als Immobilienmaklerin habe ich immer wieder erlebt, wie man im Gesicht der Klienten ablesen kann, wann die richtige Immobilie gefunden ist. Man merkt es an einer gewissen Aufgeregtheit und am Strahlen der Augen. Oft überreden sich die Klienten dann selbst, dass sie diese Immobilie kaufen wollen, auch wenn sie nicht zu 100 % ihren Vorstellungen entspricht. Plötzlich kann man dann mit einem kleineren Schlafzimmer leben, wenn die Immobilie sehr durchdacht angelegt ist und/oder man einen direkten Zugang zu einer wunderbaren Dachterrasse hat, oder man sieht die Notwendigkeit eines Gartens nicht mehr als so wichtig an, wenn eine große schöne Terrasse mit Whirlpool zur Verfügung steht. Wenn Sie in der Immobilie stehen, erkennen Sie, ob Sie sich wohlfühlen oder nicht. Vertrauen Sie darauf, dieses Strahlen entsteht automatisch, wenn man DIE passende Immobilie gefunden hat.

Als mein Mann und ich unser Objekt suchten, hätten unsere Vorstellungen nicht unterschiedlicher sein können. Wir haben uns eine lange Liste gemacht, um zu sehen, was jedem von uns wichtig war. Mein Mann wollte ein großes Blockhaus mit viel Holz, ich wollte Wände, die ich in verschiedenen Farben streichen kann. Er wollte eine Bibliothek für all seine Bücher, ich wollte ein offenes Konzept, sodass alle Räume irgendwie miteinander verbunden sind, und es war mein Wunsch, in einer Traumgegend zu leben, wo ich das Gefühl habe, jeden Tag im Urlaub zu sein.

Wir hatten keine Eile und haben uns über 40 Häuser angesehen und uns dann fast schon für eines, das ihm sehr gut gefiel, entschieden. Für mich aber war es nicht ganz das, was ich mir vorgestellt hatte. Also suchten wir weiter nach einem Haus, das für uns beide passte. Wir haben dann nach sieben weiteren Besichtigungen unser Eigenheim gefunden, weil wir dranblieben und jeder von uns genau wusste, was uns wichtig war. Die Immobilie hat dann beide Vorstellungen miteinander verbunden und brachte noch viele andere positive Überraschungen, die wir uns nicht hätten träumen lassen. Natürlich waren auch ein paar Nachteile dabei, mit denen wir aber beide sehr gut leben können. Als wir diese Immobilie nach langem Suchen das erste Mal von innen besichtigten, fassten wir uns still an den Händen und drückten uns gegenseitig leicht vor Aufregung, da wir wussten, dass es diese sein könnte. Wir haben alles bei zwei bis drei weiteren Besichtigungen abgeklärt und drei Monate später sind wir voller Freude als Eigentümer in unser neues Heim eingezogen. Wir fühlen uns sehr wohl und sind seit vielen Jahren glücklich mit dieser Entscheidung. Noch heute hören wir uns ab und zu sagen: „Wir lieben dieses Haus!“ Es ist unser Ort der Ruhe und Zufriedenheit – unser kleines Paradies.

Lage, Lage und nochmals Lage – Warum ist diese so wichtig?

Als Erstkäufer ist einem oft nicht bewusst, dass der Preis einer Immobilie zum größten Teil von der Lage abhängt. Nicht selten sieht man große Preisunterschiede ähnlich ausgestatteter Immobilien an unterschiedlichen Standorten. Günstigere Immobilien bekommt man in Stadtnähe und auf dem Land, während in der Stadt die Preise meist höher liegen. In großen Städten gibt es verschiedene Bezirke, in denen der Preisunterschied ähnlicher Immobilien (Quadratmeteranzahl, Ausstattung etc.) oft enorm ist. Die Lage bestimmt im Wesentlichen den Kaufpreis einer Immobilie. Wenn diese mit Bedacht und gut gewählt ist, kann man in Zukunft leichter eine Wertsteigerung erzielen. Zusätzlich garantieren gute Lagen meist eine bessere Wohnqualität. Während Sie den Zustand Ihres Eigenheims jederzeit durch Renovierungsarbeiten (Küche, Bad etc.) verbessern können, sind Sie fix an die Lage Ihres Eigenheims gebunden. Also ist die Lage immer etwas wichtiger als das Aussehen des Hauses, vergessen Sie das nie!

Im Immobilienjargon unterscheidet man zwischen einer **Makrolage** – also Land, Region, Stadt, Stadtteil, Gemeinde etc. – und einer **Mikrolage** – dem unmittelbaren Charakter des Hauses und der Umgebung, der Nachbarschaft, Infrastruktur etc.

Es gibt in jeder Stadt Bezirke, die in einer besseren Lage liegen und damit ein gewisses soziales Niveau halten, und andere, die weniger gut aufgestellt sind. Einige stellen sich auch als Problembezirke heraus. Dies ist vor allem dann zu berücksichtigen, wenn Sie Kinder haben. Oft können Kinder nur die Schule oder den Kindergarten in dem Bezirk besuchen, in dem Sie auch wohnen. Erkundigen Sie sich, wie das in Ihrer Stadt/Gemeinde ist.

Ich möchte Sie auf allgemeine Kriterien, die viele Menschen mit einer guten Lage verbinden, aufmerksam machen. Darunter fallen unter anderem folgende Kriterien: zentral, aber ruhig (Seitenstraßen oder Sackgassen), gute Anbindung an das Verkehrsnetz (Bus, Bahn, Schnellstraßen, Autobahnauffahrt), kurze Wege zur Arbeit, gute Infrastruktur (Ärzte, Schulen, Kindergärten, Supermärkte, Freizeitangebote), schnell erreichbare Grünflächen (Park, Wald), nette Nachbarschaft etc. Fragen Sie sich auch, in welcher Nachbarschaft Sie sich wohl fühlen, wie z. B. hipp, international, gehoben, leger, mit vielen Kindern etc. Sie könnten Menschen, die in der Nachbarschaft wohnen, direkt fragen, beispielsweise welche fünf Eigenschaften ihnen in der Nachbarschaft am besten/schlechtesten gefallen etc. Oft treffen Sie diese in einem Park und können dort leicht ein Gespräch anfangen.

Zusätzlich sollte man aber auch auf die Lärm- und Geruchsbelästigungen achten, die eine Lage verschlechtern können, wie es der Fall bei nahegelegenen großen Firmen, Krankenhäusern, Feuerwehrhäusern, Tierheimen, Flugplätzen und Einflugschneisen, Sportanlagen und Freibädern, Durchfahrtsstraßen, Autobahnen, Bahnhöfen, Tankstellen, Diskotheken oder Nightclubs, Windkraftanlagen, Hotels etc. sein kann. In solchen Gegenden sind deswegen die Kaufpreise oft viel niedriger.

Generell gilt: Je besser die Lage, desto wertbeständiger ist die Immobilie. Oft ist in guten Lagen sogar das Grundstück wertvoller als die Immobilie selbst und in weniger guten Lagen die Immobilie wertvoller als das Grundstück. Vergessen Sie nicht, Immobilien lassen sich immer verändern, die Lage jedoch nicht. Natürlich ist der Kaufpreis in guten Gegenden deswegen meist etwas höher. Am besten Sie verschaffen sich einen Marktüberblick im Internet und recherchieren die unterschiedlichen Lagen, die Sie in Betracht ziehen. Sicherlich haben Sie diesbezüglich schon einige Gebiete im Kopf.

Tipps und Aktionen:

- Definieren Sie die Kriterien Ihrer Immobilie in einer Liste (UNBEDINGT- und HÄTTE-GERNE-Spalte).
- Machen Sie sich eine Liste von unterschiedlichen Standorten, an denen Sie gerne Ihre Immobilieninvestition tätigen würden bzw. wo Sie sich vorstellen könnten zu wohnen. Je länger diese Standortliste ist, desto größer ist die Chance, passende Immobilienobjekte zu finden.
- Geben Sie die Eckdaten der Immobilie (Quadratmeteranzahl, Anzahl der Zimmer, Bäder, Garten, Garage, Preis etc.) in die Suchfunktion einiger Immobilienportale ein und vergleichen Sie die Preise in unterschiedlichen Lagen. Wo kaufen Sie günstiger und wie hoch sind die Preisunterschiede zwischen ähnlichen Immobilien?
- Wenn Sie nichts Passendes finden, erweitern Sie das Gebiet langsam.

Finanzierungsrahmen erfahren

Bevor Sie aktiv mit der Immobiliensuche beginnen, sollten Sie sich im Klaren darüber sein, welchen Kaufpreis Sie sich wirklich leisten können, sonst verschwenden Sie sehr viel Zeit mit unrealistischem Suchen, das nach der ersten Euphorie nicht selten in Ermüdung und Frustration endet.

Um einen ungefähren Kreditrahmen zu erfahren, der Ihre finanziellen Möglichkeiten beim Immobilienkauf und den damit verbundenen Kaufpreis mitbestimmt, sollten Sie sich zuerst mit Ihrer Hausbank in Verbindung setzen. Sie kennen Ihre Bank und Ihr Berater hat meist schon Ihre persönlichen Daten und finanziellen Nachweise (Gehaltskonto, Ersparnisse etc.). Dort bekommen Sie eine ungefähre Einschätzung, welche Kredithöhe Sie sich jetzt schon leisten könnten. Unterschreiben Sie NICHTS (keinen Darlehensvertrag) bei diesem Treffen, es geht lediglich um einen ungefähren Kreditrahmen, damit Sie mit der Immobiliensuche beginnen können. Meiner Erfahrung nach holt ein Käufer generell drei bis fünf unverbindliche Kreditangebote von verschiedenen Banken ein und wählt dann das beste aus. Dieses legt er dann oft der eigenen Hausbank vor, um dadurch manchmal noch bessere Konditionen zu erhalten. Vorerst geht es also nur um einen ungefähren Finanzierungsrahmen, damit Sie Ihre

Immobiliensuche aktiv beginnen können. Scheuen Sie sich also nicht, sobald wie möglich einen Termin mit Ihrer Hausbank zu vereinbaren.

Warum nicht gleich einen Darlehensvertrag bei der Hausbank unterschreiben?

Wenn man schon Kunde bei einer Bank ist, bekommt man in vielen Fällen nicht mehr die besten Konditionen, die oft nur für Neukunden bestimmt sind. Wenn es also um eine tatsächliche Finanzierung (bei einer konkreten Immobilie) geht, sollte man drei bis fünf Angebote bei unterschiedlichen Banken einholen, um einen besseren Vergleich der aktuellen Zinsraten und der unterschiedlichen Konditionen zu bekommen. Welche Angebote ähneln sich? Wo unterscheiden sich die Konditionen? Wie unterscheiden sich die Finanzierungsnebenkosten und wie hoch ist der effektive und nominale Zinssatz? Für welchen Zeitraum ist ein Fixzinssatz garantiert – fünf, zehn oder sogar 15 Jahre? Etc. Sie werden durch diese unterschiedlichen Angebote sehr viel lernen, selbstsicherer werden und können dann wirklich eine gute Finanzierung für eine lange Laufzeit wählen.

Um sich für einen Kredit zu qualifizieren, ist für Banken wichtig, dass man:

- eine fixe Anstellung hat oder den Steuerausgleich der letzten zwei bis drei Jahre bei Selbstständigkeit vorlegen kann,
- eine gute Bonität besitzt und
- genügend Eigenkapital (15 bis 25 % des Kaufpreises) nachweisen kann.

VORSICHT: Es gibt sogar Länder, in denen die Banken kein Eigenkapital verlangen und der Kaufpreis komplett über das Darlehen finanziert wird. Von dem raten jedoch viele ab, da die monatliche Kreditrückzahlungsrate relativ hoch wäre und man sich dadurch finanziell leicht übernehmen könnte. Das Risiko ist hier sehr hoch. Je mehr Eigenkapital man einzahlt, desto geringer ist die monatliche Kreditrate und desto günstiger wird der Kredit auf lange Sicht, weil weniger finanziert werden muss. Sehen Sie daher Ihr Eigenkapital als eine Investition in Ihr persönliches „Immobiliensparbuch", das über die Jahre durch Ihre künftigen monatlichen Kreditrückzahlungen weiter anwächst.

Als Faustregel gilt bei vielen Banken, dass die monatliche Belastung (monatliche Kreditrückzahlungsrate inklusive Betriebskosten etc.) nicht mehr als 40 % bzw. 50 % des Nettohaushaltseinkommens ausmachen sollte. Um die monatlichen Fixkosten einschätzen zu können, verlangen viele Banken neben dem Einkommensnachweis (Gehalt) und dem Eigenkapital (Bargeld) eine Aufstellung der monatlichen Haushaltsausgaben. Dafür gibt es verschiedene Vorlagen im Internet, die Sie sich bei Interesse schon vor dem Bankbesuch ansehen können.

Als ich in meinen Anfangsjahren meine erste Wohnung im Ausmaß von 50 Quadratmetern für ungefähr € 150.000 kaufte, hatte ich ein Jahresgehalt von rund € 33.000 und ein Eigenkapital von ungefähr € 40.000 (26,6 %). Meine monatliche Kreditrückzahlung belief sich auf € 522. Damals habe ich in einer kleineren Mietwohnung für € 700 gewohnt. Mit den Betriebskosten meiner „gekauften“ Wohnung kam ich auf € 702 pro Monat – mit dem Unterschied, dass ich die Miete jetzt als Investition durch meine Kreditrückzahlung in mein eigenes Eigentum einzahlte (Kreditrückzahlung + Betriebskosten = € 702). Damals war klar, dass ein Wohnungskauf langfristig für mich vorteilhafter ist, als meinem Vermieter eine ähnliche Wohnung zu finanzieren und dadurch langfristig „zu kaufen“.

Eine gern verwendete Faustregel für Käufer ist, dass der Kaufpreis der Immobilie den Mietpreis einer ähnlichen Immobilie über eine Laufzeit von 25 bis 30 Jahre nicht übersteigen sollte. Natürlich hängt der Kaufpreis – wie schon erwähnt – immer von der Lage, den Eigenschaften/der Ausstattung der Immobilie und der Nachfrage ab.

Ein vereinfachtes Rechenbeispiel für den Kauf einer Immobilie wäre:

Das Nettoeinkommen einer Person beträgt ungefähr € 2.000 pro Monat.

Bei einer **derzeitigen monatlichen Miete** von € 800 sollte der Kaufpreis eines ähnlichen Eigenheims (ähnliche Quadratmeter, Lage, Ausstattung) den **Kaufpreis** zwischen € 800*12 Monate = € 9.600*25 Jahre = € 240.000 bis max. € 9600*30 Jahre = € 288.000 nicht übersteigen.

Die maximale monatliche Kreditrückzahlung inkl. Betriebskosten sollte 40 bis 50 % des monatlichen Nettoeinkommens, also € 2.000*40 % bzw. 50 % = € 800 bzw. € 1.000 nicht übersteigen. Wenn Sie von der Bank eine Laufzeit von 30 statt 25 Jahre bekommen, verringert sich die monatliche Rückzahlungsrate sogar noch etwas. In vielen Fällen gilt, je länger die Laufzeit, desto geringer die monatliche Rückzahlungsrate.

Eigenkapital (ungefähr 20 %) des Kaufpreises z. B. € 240.000 = € 48.000 (20 %), von € 288.000 = € 57.600 (20 %). Je höher der Prozentsatz des Eigenkapitals, desto geringer sind die Restschuld, die monatliche Kreditrückzahlung und damit der Gesamtkredit.

Dies ist nur ein allgemeines, vereinfachtes Beispiel, um Ihnen eine kurze Rechenübersicht zu geben. Die genauen Informationen für Ihre individuelle Situation bekommen Sie von Ihrer Bank. Die Prozentangaben für die monatliche Kreditrückzahlung und den Eigenkapitalaufwand variieren bei verschiedenen Banken. Deswegen ist es auch wichtig, vor dem Unterschreiben eines Darlehensvertrages mehrere Angebote einzuholen, um sich dann das beste aussuchen zu können. Wenn die Hausbank erkennt, dass diese Sie als Kunde eventuell an eine andere Bank verlieren könnte, bekommen Sie manchmal ein noch viel besseres Angebot, denn Immobilienfinanzierungen sind für Banken nach wie vor gute, langfristige Investitionen.

Wenn Sie einen Partner haben, könnten Sie natürlich beide Einkommen miteinbeziehen (um den Kreditrahmen zu erhöhen) und auch beide Hausbanken aufsuchen, um die Unterschiede der Kreditrahmen und Konditionen zu ermitteln. Meist hat eine Bank bessere Konditionen als die andere.

VORSICHT: Um finanzielle Engpässe zu vermeiden, ist es ratsam, den gesamten Kreditrahmen nicht voll auszuschöpfen, sondern so zu wählen, dass die monatlichen Kreditrückzahlungen inklusive Lebenskosten jederzeit von nur einem Partner getragen werden könnten. Lebenssituationen ändern sich immer wieder durch Schwangerschaft, Trennung, Bildungskarenz, Arbeitslosigkeit, Todesfall etc. Der Stress könnte sich ungemein steigern, sollte man dann auch noch das Eigentum verkaufen müssen, wenn ein zweites Gehalt wegfallen würde. Wichtig ist die Sicherheit, auch in solchen Situationen weiterhin gut im Eigenheim schlafen zu können.

Welche Unterlagen sollten Sie zum ersten Finanzierungsgespräch mitnehmen?

- Gehaltszettel der letzten drei bis sechs Monate (für Arbeiter/Angestellte), Steuerausgleich der letzten zwei bis drei Jahre (bei Selbstständigkeit)
- Eigenkapitalnachweis (Gespartes, Bonus, Bausparer, Erbe etc.)
- Haushaltsrechnung/mtl. Kostenaufstellung (im Internet gibt es unterschiedliche Muster dazu) – oder man macht diese direkt bei der Bank

Fragen Sie die Bank, ob bei der Kreditfinanzierung die Nebenkosten des Immobilienkaufes extra zu zahlen oder mit in den Kredit eingerechnet werden können. Sollten Sie kein Bargeld für die Nebenkosten (durchschnittlich 12 %) haben, können Sie diese leicht im Kredit mitfinanzieren. Die monatliche Rate ändert sich dadurch oft nur sehr geringfügig. Lassen Sie sich beide Varianten zum Vergleich von der Bank ausrechnen – inklusive und exklusive Nebenkosten, um den Unterschied zu sehen.

Übliche Nebenkosten bei einem Immobilienkauf

Beim Kauf eines Eigenheims fallen Nebenkosten an. Das sind die Kosten, die für den Erwerb der Immobilie nötig sind (Immobilienmakler, Notar, Kaufvertrag, Grundbucheintragung, Grunderwerbssteuer etc.). Im Durchschnitt belaufen sich diese zwischen 10% bis 15% des Kaufpreises, meist jedoch um die 12 %. Wichtig zu wissen ist, dass der Kaufpreis der Immobilie die Höhe vieler Nebenkosten bestimmt, da manche Nebenkosten prozentuell vom Kaufpreis berechnet werden. Deswegen ist es sehr wichtig, den Kaufpreis so niedrig wie möglich zu halten. Vielen Erstkäufern ist dies nicht bewusst.

Einige dieser Nebenkosten sind fix, andere variabel. Die folgende Liste gibt Ihnen einen guten Überblick. Die Werte sollten jedoch nur als Richtwerte gesehen werden, da diese davon abhängen, in welchem Land/welcher Stadt Sie eine Immobilie kaufen. Um die genauen Nebenkosten in Ihrem Land/Ihrer Stadt zu ermitteln, recherchieren Sie bitte „Nebenkosten beim Immobilienkauf" in Ihrem Land/Ihrer Stadt im Internet. In vielen Fällen erhalten Sie auch eine übersichtliche Nebenkostenaufstellung von Ihrem Immobilienmakler.

Die wichtigsten Kosten beim Kauf einer Immobilie in Österreich inkludieren:

VARIABLE Kosten (verhandelbar):

Kaufpreis (immer verhandelbar) – Durchschnittlich werden Immobilien 5 bis 15 % unterhalb des veranschlagten Kaufpreises verkauft, je nach Lage, Ausstattung und Zustand der Immobilie. **VORSICHT:** In sehr guten Lagen ist der Kaufpreis höher und könnte durch mehrere Angebote unterschiedlicher Interessenten noch weiter steigen.

Immobilienmaklergebühr – Laut der Stadt Wien „Maklerprovision" (2019) liegt die gängige Provision von Immobilienkäufen bei ungefähr zwei bis drei Prozent plus Mehrwertsteuer. In verschiedenen Ländern kann die Maklergebühr/Honorar/Kommission sogar bis auf 7 % steigen.

Honorar des Notars/Rechtsanwalts, der den Kaufvertrag erstellt und die Grundbucheintragung vornimmt, ist ebenfalls vom Kaufpreis abhängig. Durchschnittlich beläuft sich dieses Honorar auf 1 bis 3 % des Kaufpreises der Immobilie. Man kann jedoch auch ein Pauschalhonorar vereinbaren.

Kreditkosten/Darlehenskosten sind bei jeder Bank verschieden und meist in den monatlichen Kreditrückzahlungen eingerechnet. Vergleichen Sie drei bis fünf konkrete unverbindliche Angebote und wählen Sie dann das beste für Sie aus.

FIXE Kosten:

Die Grunderwerbssteuer beträgt durchschnittlich 3,5 % des Kaufpreises.

Die Grundbucheintragung ist vorzunehmen, damit Sie als Eigentümer in das Grundbuch eingetragen werden; die Gebühr beläuft sich auf ungefähr 1,1 % des Kaufpreises.

Eine Pfandrechtseintragung ins Grundbuch wird dann vorgenommen, wenn Sie den Kauf durch eine Finanzierung über eine Bank abwickeln und nicht alles in bar bezahlen. Die Eintragungsgebühr beträgt ungefähr 1,2 % des Pfandrechts/Darlehens.

Die Kosten für die Beglaubigungen der Unterschriften etc. sind einerseits durch Kammertarife der Notare festgelegt und andererseits vom Kaufpreis bzw. von der Pfandrechtshöhe abhängig.

Tipps und Aktionen:

- Machen Sie sich einen Termin mit Ihrer Hausbank aus, um den ungefähren Finanzierungsrahmen zu erfahren.
- Bereiten Sie die Unterlagen für das Finanzierungsgespräch vor.
- Erkundigen Sie sich bei der Bank über die Finanzierung eines Immobilienkaufes. Lassen Sie sich die Details in Ruhe von Ihrer Hausbank erklären, stellen Sie viele Fragen erweitern Sie Ihr Wissen auf diesem neuen Gebiet. Sie werden unheimlich viel lernen und treten dann bei der nächsten Bank viel selbstbewusster auf.
- Bitte unterschreiben Sie NICHTS, da dies oft noch nicht das beste Angebot ist und durch andere Angebote eventuell günstiger verhandelt werden könnte.

Gratulation!

Jetzt wissen Sie, welche Immobilie Sie suchen, wo Sie gerne wohnen möchten und wie viel Sie sich realistisch leisten können. Ist dies abgeklärt, dann können Sie mit der eigentlichen Suche nach dem geeigneten Immobilienobjekt – Ihrem zukünftigen Eigenheim – beginnen!

Passende Immobilien finden

Leider gibt es in Europa noch keine einheitliche Immobilienplattform wie das MLS (Multiple Listing Service) auf dem amerikanischen Kontinent (USA, Kanada etc.), und deswegen ist dieser Prozess oft der langwierigste. Es wird einige Zeit dauern, bis Sie sich einen guten Marktüberblick verschafft haben. Das soll Sie aber nicht entmutigen! Lassen Sie sich Zeit, damit Sie sicher sind, die richtige Entscheidung getroffen zu haben, wenn Sie Ihr Eigenheim kaufen.

Durchschnittlich dauert das Finden des passenden Eigenheims zwischen drei Monaten und zwei Jahren, je nach Ihrem persönlichen Einsatz. Je fokussierter und intensiver Sie sich mit der Suche Ihrer Immobilie befassen, desto schneller werden Sie fündig werden. Immobilien kann man das ganze Jahr kaufen, aber die meisten Immobilien kommen im Frühjahr und im Herbst auf den Markt, da weniger Menschen im Sommer (zur Ferien- bzw. Urlaubszeit) oder im Winter eine Immobilie suchen.

Es gibt viele verschiedene Möglichkeiten, Immobilien zu finden. Bedenken Sie unter anderem folgende:

- Immobilienportale wie Immokralle, Willhaben, Immowelt, wohnen.at,

Immobilienscout24, findmyhome etc. – Welche Portale gibt es in Ihrem Land?
- Immobilienbüros und Immobilienmakler
- Lokale Zeitungen, Suchanzeigen, Banken
- Freunde, Bekannte, Netzwerke
- Verschiedene Soziale Medien wie Facebook-Gruppen etc.
- Versteigerungen – oft bekommt man dort günstige Schnäppchen
- Internet Google Suche: Immobilienkauf, Wohnungskauf, Hauskauf etc.

Bei manchen Portalen wie z. B. Willhaben kann man sich Merklisten erstellen oder sogar aktiv Suchagenten einrichten. Diese sind sehr vorteilhaft, da man sofort informiert wird, wenn eine neue Immobilie mit den gespeicherten Suchkriterien auf den Markt kommt. Sie werden auch feststellen, dass Sie manche Immobilien in verschiedenen Portalen wiederfinden, interessanterweise manchmal sogar zu unterschiedlichen Preisen.

Bei den Immobilien-Internetportalen sollte man in der Suche nicht zu viele Variablen eingeben. Die Suchkriterien sollten sich auf das absolut Wichtigste beschränken, wie Haus oder Wohnung, Kaufpreis, Lage, Quadratmeter der Wohnungs- bzw. Nutzfläche, Anzahl der Zimmer, vielleicht noch Garten und Garage. Mit diesen Informationen bekommt man eine große Vielfalt, die man anschließend bei Bedarf noch weiter filtern kann. Jedes zusätzliche Suchkriterium limitiert die Suche. Also je weniger Kriterien eingegeben werden, desto mehr Immobilienobjekte werden gefunden – und je mehr Kriterien eingegeben werden, desto weniger Objekte, die genau diesen Suchkriterien entsprechen, werden gefunden.

Um sich eine Übersicht über die unterschiedlichen, interessanten Objekte zu verschaffen, ist es vorteilhaft, sich eine eigene Immobilienmappe zurechtzulegen. Am besten man druckt sich das ein- bis zweiseitige kurze Immobilienprofil oder Exposé aus, auf dem alle Daten inklusive der Kontaktdaten des Maklers angegeben sind, und heftet diese in der Mappe ab. Sammeln Sie nur die wirklich interessanten Objekte, sonst werden es zu viele. Wenn Sie mit der Zeit immer mehr Immobilien anhäufen, werden Sie froh über diese Mappe sein. Damit haben Sie jederzeit einen guten Überblick und können verschiedene Objekte ganz leicht miteinander vergleichen und im Internet wiederfinden.

Mit dem Vergleichen der Immobilien erweitert sich Ihr eigenes Wissen darüber, was wo für welchen Preis zu kaufen ist. Je intensiver und organisierter Sie an die Immobiliensuche herangehen, desto mehr lernen Sie dabei und desto schneller finden Sie Ihr Schmuckstück. Wichtig ist, regelmäßig an der Suche dranzubleiben, sonst verlieren Sie das Momentum und damit Ihre Motivation. Es ist dann mühsamer, wieder erneut einzusteigen. Man kann dies leicht in ein bis zwei Stunden pro Woche erledigen.

Sie können auch ein Immobilienunternehmen oder einen Makler damit beauftragen, für Sie eine passende Immobilie zu suchen. Generell ist davon abzuraten, einen Exklusiv-/Alleinauftrag zu unterschreiben, welcher dem Makler in der vereinbarten Zeit (üblich sind drei bis sechs Monate) die Maklergebühr von ungefähr 3 % zusichert, sollten Sie in dieser Zeit eine Immobilie kaufen. Damit sind Sie für diesen gewissen Zeitraum an einen Makler bzw. an ein Maklerbüro gebunden (eben exklusiv) und davon abhängig, welche Angebote dieser/dieses für Sie findet. Oft wird es dann etwas schwieriger, wenn Sie z. B. selbst Immobilien im Internet finden, da Sie „Ihren" Makler dann bei Interesse kontaktieren sollten, um einen Besichtigungstermin durch diesen zu vereinbaren. Ein Exklusiv-/Alleinauftrag ist ein Vertrag, der besagt, dass Sie nur mit einem Maklerbüro/Makler zusammenarbeiten, und dieser Vertrag sichert dem Makler die Provision bei einem eventuellen Immobilienkauf innerhalb der vereinbarten Zeitspanne zu. Sie könnten den Maklervertrag aber auch schriftlich etwas abändern - alles ist verhandelbar - wenn dieser darauf einsteigt. Wichtig ist, dass Sie genau verstehen, was Sie unterschreiben damit keine unangenehmen Überraschungen auftauchen. Die

Maklergebühr müssen Sie nur zahlen, wenn Sie wirklich eine Immobilie kaufen (Erfolgshonorar), ansonsten ist der Service in vielen Ländern kostenlos, außer es wurde anders vereinbart.

Natürlich gibt es auch die Möglichkeit, eine Wohnung oder ein Haus neu bauen zu lassen. Dies ist immer auch mit einem gewissen Risiko verbunden, da man nicht genau sieht, was man kauft. Dieses Buch beschränkt sich auf schon bestehende Wohnungen und Häuser. Bei Neubauten arbeitet man generell viel intensiver mit den Baufirmen und Bauvereinigungen zusammen und es gelten andere Regeln (wie z. B. spezielle Rücktrittsrechte etc.). Auch bieten Bauträger je nach Baufortschritt Teilzahlungen und Mitgestaltungsmöglichkeiten bei der Planung und dem Bau an. Generell sollte man bei einem Neubau mit Mehrkosten rechnen, da immer wieder etwas Unvorhergesehenes eintritt. Diese eventuellen Mehrkosten müssen auf jeden Fall gedeckelt sein und im Voraus abgeklärt und vertraglich fixiert werden!

Tipps und Aktionen:

- Starten Sie mit der Immobiliensuche über verschiedene Internetportale etc. in Ihrem Land, um einen ungefähren Marktüberblick zu bekommen.
- Legen Sie sich Ihre Immobilienmappe (normale Ringmappe mit Unterteilungen) zurecht und heften Sie wichtige und interessante Objekte/Ideen ab, um diese Informationen zu sammeln, später leicht im Internet wiederzufinden und eventuell mit Ihrer Wunschimmobilie vergleichen zu können.

Übliche Timeline vom Angebot bis zum Einzug

Immobiliensuche – Eine durchschnittliche Suche dauert drei Monate bis zwei Jahre. Lassen Sie sich Zeit, bis Sie die für Sie richtige Immobilie finden, in der Sie dann viele Jahre stolz und glücklich wohnen werden.

Kaufangebot – Haben Sie die richtige Immobilie gefunden, sollten Sie diese zwei- bis dreimal besichtigen (am besten zu unterschiedlichen Tageszeiten), bevor Sie ein Kaufangebot mit eventuellen Konditionen aufsetzen. Das Kaufangebot ist zeitlich begrenzt (ein paar Tage, eine Woche etc.) und geht üblicherweise zwei- bis viermal zwischen dem Käufer und Verkäufer hin und her, bis es endgültig von beiden Seiten akzeptiert wird. In dem Kaufangebot sollten auch die zeitlichen Termine für die Prüfung durch einen Immobiliensachverständigen, die Finanzierung, die Unterzeichnung des Kaufvertrages, die Grundbucheintragung und Schlüsselübergabe inklusive Übergabeprotokoll erwähnt werden. Der Immobilienmakler kann Ihnen bei diesen Terminen mit Erfahrungswerten zur Seite stehen. **VORSICHT:** Mit einem Kaufangebot sind Sie rechtlich gebunden und können nicht ohne weiteres zurücktreten, wenn der Verkäufer schon eingewilligt hat! Mehr dazu später.

Finanzierung – Vorarbeit: Holen Sie drei bis fünf unverbindliche Angebote bei verschiedenen Banken ein. Arbeiten Sie parallel mit mehreren Banken, da diese je ein paar Tage bis eine Woche für ein Angebot brauchen. Gehen Sie die unverbindlichen (solange Sie nichts unterschrieben haben) Angebote im Detail durch und klären Sie Ihre Fragen genau ab. Vergleichen Sie die Angebote und suchen Sie das beste aus. Wenn Sie wollen, können Sie dieses dann Ihrer Hausbank vorlegen, um vielleicht einen günstigeren Darlehensvertrag zu verhandeln. Seien Sie vorsichtig: UNTERSCHREIBEN Sie den Darlehensvertrag erst, NACHDEM der Kaufvertrag beim Notar/Rechtsanwalt unterschrieben wurde, da auch ein Darlehensvertrag verbindlich ist, sobald Sie diesen unterschreiben. Denn was würden Sie machen, wenn Sie die Immobilie am Ende gar nicht bekommen, weil der Verkäufer den Kaufvertrag in letzter Minute doch nicht unterschreibt? Manche unterschriebenen Darlehensverträge enthalten Pönalen (Vertragsstrafen), die bei einem Rücktritt zum Tragen kommen könnten.

Termin mit Ihrem Notar/Rechtsanwalt – Lassen Sie einen Kaufvertrag erstellen, inkludieren Sie wichtige Bedingungen/Konditionen und klären Sie alle Fragen ab (ein bis zwei Wochen). Anschließend wird der Kaufvertrag dann an den Verkäufer zur Durchsicht geschickt, und es werden oft noch minimale Veränderungen mit Ihrer Zustimmung vorgenommen.

Zur Kaufvertragsunterzeichnung wird ein Termin beim Notar/Rechtsanwalt vereinbart, bei dem meist alle Parteien inklusive Makler anwesend sind. Sie werden anschließend angewiesen, die Kaufpreisüberweisung der Eigenmittel und Darlehensfinanzierung auf ein Treuhandkonto in die Wege zu leiten. Innerhalb von zwei bis acht Wochen folgen dann die Schlüsselübergabe und Verbücherung bzw. Grundbucheintragung (Eigentumstransfer) der Immobilie.

In dieser Zeit sollten Sie sich um eine **Gebäudeversicherung** kümmern, die zu dem Zeitpunkt eintritt, an dem die Immobilie in Ihr Eigentum übergeht. Im Kaufvertrag wird meist ein Datum erwähnt, an dem die Immobilie in Ihren **Besitz** übergeht (Schlüsselübergabe). Legaler **Eigentümer** sind Sie jedoch erst, wenn Sie im Grundbuch als Eigentümer eingetragen sind (Verbücherung). Manche Käufer synchronisieren den Termin der Schlüsselübergabe (Besitzer) mit dem Tag der Grundbucheintragung (Eigentümer).

Vom Kaufangebot über die Finanzierung, den Kaufvertrag und die anschließende Grundbucheintragung bis zum Einzug vergehen in der Regel durchschnittlich zwei bis drei Monate, je nachdem wie schnell Sie mit Ihrem Team – Makler,

Bank, Notar/Rechtsanwalt, Verkäufer etc. – zusammenarbeiten.

Übliche monatliche Eigenheimfixkosten

Beim Kauf des Eigenheims ist es wichtig, die genauen monatlichen Kosten im Auge zu behalten. Hier spielt die Anzahl der Quadratmeter, die Anzahl der Bewohner, deren Nutzungsverhalten und die Art der Heizungssysteme eine große Rolle.

Betriebskosten können unter anderem folgende Kosten inkludieren: Allgemeine Betriebskosten wie Müllentsorgung, Wasser- und Abwasserkosten (Kanal), Rauchfangkehrer, Liftkosten, Reinigungskosten, Reparaturfonds, Versicherungsprämien, Verwaltungshonorar, Gemeinschaftskosten, Grundsteuer etc.

Jedes Jahr gibt die Mietervereinigung Österreichs (MVÖ) einen „Betriebskostenspiegel" bekannt, der einen repräsentativen Durchschnittswert der Mitglieder darstellt. Für Wien lagen die monatlichen Nettobetriebskosten pro Quadratmeter Nutzfläche im Abrechnungsjahr 2017 bei ungefähr € 2,10.

Zusätzlich müssen private Kosten wie Warmwasser, Strom- und Heizungskosten, Haushaltsversicherung, Telefon/Internet etc. dazugerechnet werden, die je nach Verbrauch abgerechnet werden.

Sie könnten sich aber auch Ihre derzeitigen Betriebskosten pro Quadratmeter ausrechnen und sich grob an diesen orientieren. Natürlich sind diese in verschiedenen Gemeinden, Städten und Ländern unterschiedlich. Beim Kauf einer Immobilie fragen Sie auf jeden Fall Ihren Immobilienmakler über eine detaillierte Betriebskostenaufstellung. Sie sollten diese ohne Probleme bekommen.

Gebäude-/Eigenheim-/Haushaltsversicherung – Manchmal kann man diese vom vorherigen Eigentümer übernehmen. **VORSICHT:** Oft sind diese nicht mehr aktuell und etwas überteuert, weil sie älter und nicht auf dem letzten Stand sind. Es ist besser, eine neue Versicherung zu suchen und mit anderen zu vergleichen. Bei der Eigenheimversicherung unterscheidet man zwischen zwei wichtigen Versicherungen: Einmal der Gebäudeversicherung, die gegen Naturschäden wie Blitzschlag, Hochwasser, Hagel und Feuer versichert, wenn z. B. durch einen Blitzschlag ein Baum aufs Haus stürzt etc. Die zweite ist eine Haftpflichtversicherung für Eigentümer bei Personen- oder Sachschäden, welche durch die Verletzung von Eigentümerpflichten entstanden sind, z. B. wenn ein Privatweg nicht geräumt wurde und jemand im Winter dort ausrutscht. Zusätzlich kann man eine Haushaltsversicherung günstig inkludieren, die auch den Haushalt, also die materiellen Dinge im Eigentum, mitversichert, z. B. bei Einbruch, Diebstahl, Feuer etc.

Ablebensversicherung (gleichbleibend oder fallend) – Diese dient der Absicherung für den Fall, dass ein Partner stirbt. Dann kann die Immobilie von der Versicherung abgezahlt werden. Dies ist oft wichtig bei einer Familie mit Kindern, in der nur ein Partner eine Vollanstellung hat. Versicherungen können schon ab € 30/Monat abgeschlossen werden. Die Höhe hängt jedoch von der Versicherungssumme der Immobilie ab und davon, ob diese Versicherung gleichbleibend (also eine fixe Summe wird ausgezahlt) oder fallend ist (je mehr Jahre verstreichen, desto geringer ist die Versicherungssumme).

Bei Finanzierungen könnte man sich auch über eine **Restschuldversicherung** erkundigen, die eine Tilgung des Darlehens im Falle des Todes des Hauptverdieners übernimmt. Diese sollte man mit einer Ablebensversicherung vergleichen, die nicht direkt an die Immobilie gebunden ist, jedoch dafür verwendet werden kann.

Eine **Rechtsschutzversicherung**, die für Anwalts- und Gerichtskosten im Streitfall aufkommt, sollte man generell besitzen. Hierbei kann man ein Eigenheim oft inkludieren.

Auch bei Versicherungen sollte man sich immer drei bis vier Angebote machen lassen, die man miteinander vergleicht. Generell ist es ratsam keine bestehenden Versicherungen zu übernehmen, es sei denn, diese sind besser und günstiger als die Angebote, die man eingeholt hat. Beim Kauf meiner eigenen Immobilie habe ich z. B. die Gebäudeversicherung des Vorbesitzers für € 1.500 pro Jahr nicht übernommen, da eine neue Versicherung mit ähnlichen Konditionen interessanterweise um ungefähr 46 % pro Jahr günstiger war.

Tipps und Aktionen:

- Fragen Sie den Makler oder Verkäufer nach den zusätzlichen Unterlagen und einer genauen monatlichen Kostenaufstellung. Dadurch erfahren Sie, wie hoch die monatlichen Fixkosten der Immobilie sind. Diese sind zuzüglich zu Ihrer monatlichen Kreditrückzahlung zu zahlen.
- Machen Sie sich Gedanken über die ungefähre Timeline/Zeitplan für den Kauf Ihrer Immobilie. Diesbezüglich können Sie auch die Erfahrungswerte Ihres Maklers abfragen.

Ihr Expertenteam

Als Immobilieninvestor für Ihr Eigenheim ist es von Vorteil, sich ein gutes Team zusammenzustellen, das Ihnen mit Rat und Tat bei einer konkreten Immobilie zur Seite steht.

Die Informationen in diesem Buch sind größtenteils allgemein gehalten, um Ihnen einen generellen Überblick zu vermitteln und Tipps zur einfachen Umsetzung mitzugeben. Detaillierte und aktuelle Marktinformationen bekommen Sie vor Ort von den einzelnen Experten in Ihrem Team, der Bank, dem Immobilienmakler, einem Notar oder Rechtsanwalt, Ihrem Versicherungsberater, einem Immobiliensachverständigen, etc. Diese sind unglaublich wertvoll und werden Sie durch die einzelnen Schritte des Immobilienkaufes mit wichtigen Zusatzinformationen begleiten.

Immobilienmakler

Wenn man eine Immobilie kauft, arbeitet man nicht immer, aber meistens mit Immobilienmaklern zusammen. Es gibt Makler, die den Verkäufer vertreten, andere vertreten den Käufer, und viele vertreten beide Seiten, den Verkäufer und den Käufer. Dies kann einen Interessenkonflikt beim Makler auslösen, da der Verkäufer immer den höchsten Preis für seine Immobilie zu erzielen versucht, der Käufer jedoch den niedrigsten Preis zahlen möchte.

Ich habe selbst viele Jahre Immobilien auf dem amerikanischen Kontinent verkauft. Alle zum Verkauf angebotenen Immobilien werden dort in einer einheitlichen Immobiliendatenbank – dem MLS (Multiple Listing Service) – registriert. Zu dieser haben die lizenzierten Immobilienmakler Zugang, egal mit welchem Maklerbüro diese arbeiten bzw. wo sich dieses Maklerbüro befindet. Dadurch hat jeder Makler eine gute Marktübersicht, weiß, welche Immobilien wo gerade angeboten werden und welche in den letzten Jahren zu welchem Preis schon verkauft wurden. Eine genaue Marktanalyse lässt sich dadurch leicht erstellen. Zusätzlich ist die Zusammenarbeit der Makler über diese MLS Plattform geregelt, sodass der Verkaufsmakler beim Verkauf einer Immobilie 6 % des Verkaufspreises als Provision bekommt. Diese teilt er anschließend mit dem Käufermakler, sodass jeder 3% Provision erhält. Für den Käufer, der einen Käufermakler beauftragt, ist der Maklerservice sozusagen „kostenlos“. Dies ermöglicht, dass jeder Makler sich – unabhängig von der Provision – auf seine eigenen Klienten konzentrieren und den bestmöglichen Service anbieten kann. Denn Kundenservice wird am amerikanischen Kontinent besonders hoch geschrieben!

Später in Österreich habe ich festgestellt, dass der Kundenservice für den Käufer etwas anders gehandhabt wird. Leider gibt es hier noch keine einheitliche Immobilien-Datenbank wie das MLS. Dies erschwert auf der einen Seite die transparente Übersicht über alle zum Verkauf stehenden Immobilien und auf der anderen Seite die kollegiale Zusammenarbeit der Makler untereinander. Es müssen viele verschiedene Portale genutzt werden, um geeignete Immobilien für den Käufer zu finden. Dem Erstkäufer fehlen dadurch oft auch grundlegende Informationen, die für eine gute Kaufentscheidung wichtig wären.

Die Maklerprovision ist generell verhandelbar und sollte auf jeden Fall schriftlich festgehalten werden. Wie schon erwähnt, wird eine Provision von durchschnittlich 3 % nur dann fällig, wenn ein Kaufangebot durch den Käufer gemacht UND vom Verkäufer akzeptiert wurde. Die Maklerprovision ist unter anderem in den üblichen Nebenkosten des Kaufs (12 %) inkludiert.

Kompetente Makler können die Anschaffung einer Immobilie immens erleichtern, indem sie den Käufer durch die verschiedenen Phasen des Immobilienkaufes mit einer kompetenten Beratung und Kaufpreisverhandlung begleiten. Zusätzlich haben Makler in vielen Fällen gute Hintergrundinformationen, lokale Ortskenntnisse, Informationen über Immobilientrend Entwicklungen der letzten Jahre und hilfreiche Netzwerke. 2014 wurde in Österreich eine einheitliche Ausbildung für Immobilienmakler (Immobiliencard) als Voraussetzung eingeführt, die dieser Berufsausübung eine bessere Qualitätssicherung gewährleisten soll. Vorher konnte fast jeder Makler werden. Makler ist also nicht gleich Makler. Suchen Sie sich einen kompetenten Makler, bei dem Sie ein gutes Gefühl haben und mit dem Sie gerne zusammenarbeiten möchten.

Sie können sich jederzeit im Internet über die Aufgabenbereiche, Rechte und Pflichten eines Immobilienmaklers informieren. Generell begutachtet dieser Grundstücke und Gebäude, erstellt verschiedene Marktanalysen, setzt mit dem Verkäufer den Kaufpreis der Immobilie fest, prüft die Objekt-Unterlagen und steht dem Klienten beratend zur Seite. Der Makler hat umfassende Aufklärungs-, Unterstützungs- und Sorgfaltspflichten dem Klienten gegenüber. Sollten diese verletzt werden, könnte der Klient in Österreich Schadensersatzansprüche und eine eventuelle Minderung der Provision geltend machen. Zusätzlich haben die meisten Makler ein bestehendes Netzwerk an Notaren, Sachgutachtern, Banken etc., welches bei der Abwicklung des Kaufprozesses sehr hilfreich sein kann.

Das Netzwerk eines Immobilienmaklers kann einige Vor-, aber auch Nachteile mit sich bringen. Ein Vorteil wäre, dass der Kauf schneller und günstiger abgewickelt werden könnte, da man vielleicht noch keinen Notar/Rechtsanwalt, Sachgutachter etc. hat. Ein Nachteil könnte sein, dass Sie vielleicht das Gefühl bekommen, nicht direkt vertreten zu werden. Wenn Sie z. B. einen Immobiliensachverständigen als Kondition im Kaufanbot haben und das Netzwerk des Maklers verwenden, könnte es sein, dass der Makler (wenn er den Verkäufer vertritt) die Informationen des Sachverständigen oder der Bank irgendwie erfährt. Informationen, die Sie vielleicht nicht preisgeben möchten. Meiner Erfahrung nach ist es besser, sich unabhängig zu machen und sich eigene Notare/Rechtsanwälte, Gutachter, Banken, Versicherungen etc. zu suchen. Vergleichen Sie auch hier, da sich die Preise und Angebote deutlich unterscheiden.

Bei ernsthaftem Interesse an einer Immobilie sollte der Makler Ihnen einen umfassenden Überblick der monatlichen Kostenaufstellung des

Objektes inklusive der üblichen Nebenkosten, die beim Kauf der Immobilie anfallen, geben.

Besichtigungstermin und wichtige Fragen

Um das geeignete Immobilienobjekt zu finden, lohnt es sich, mehrere Immobilien zu besichtigen und zu vergleichen. Eine Besichtigung ist oft aussagekräftiger als die Information auf dem Exposé, welches meist nur die wichtigsten Daten erwähnt. Bei der Besichtigung wirkt die Immobilie noch intensiver auf Sie, und Sie spüren selbst, ob Sie sich wirklich vorstellen könnten, in dieser Immobilie zu wohnen.

Aus meiner Erfahrung besichtigt ein Käufer durchschnittlich zwischen 5 bis 40 verschiedene Immobilienobjekte, bevor eine Kaufentscheidung getroffen wird. Der Vorteil ist, dass man mit jeder Besichtigung Neues dazulernt und immer mehr ein Gefühl dafür entwickelt, was und wo man kaufen möchte. Zusätzlich erarbeitet man sich dadurch eine gute Immobilien Übersicht, lernt verschiedene Standorte kennen, schärft den eigenen Blick und bekommt ein Gefühl für den derzeitigen Markt. Man kann anschließend viel ruhiger eine gute Kaufentscheidung treffen, weil man weiß, was derzeit am Markt für welchen Preis angeboten wird. Es gibt aber auch Menschen, die sich schon nach den ersten Besichtigungen für ein passendes Objekt entscheiden, und das ist auch okay. Trotzdem, keine Eile, lassen Sie sich Zeit für eine der wichtigsten Investitionen Ihres Lebens, damit Sie sich in Ihrem neuen Zuhause auch wirklich wohlfühlen. Vergessen Sie nicht: Je intensiver Sie suchen, desto schneller werden Sie fündig.

Bei der Besichtigung ist es wichtig, die Eckdaten (Exposé Ihrer Immobilienmappe) im Kopf zu haben und sich vorher schon einige Fragen diesbezüglich auf dem Exposé zu notieren, um diese dann einfach abzufragen. Es gibt keine „dummen Fragen“, nur Menschen, die „dumm“ auf Fragen reagieren. Denken Sie daran, dass Sie mit jeder Frage dazulernen und Ihren Wissenshorizont auf diesem Gebiet erweitern. Durch Fragen lernen Sie! Sie werden sehen, wie schnell Sie dadurch immer selbstsicherer werden, da sich verschiedene Informationen wiederholen, aber auch neue immer wieder dazukommen.

Bitte seien Sie pünktlich bei dem Termin einer Besichtigung, da der Makler sich extra für Sie Zeit nimmt. Sollten Sie sich entscheiden, nicht zu kommen, rufen Sie den Makler bitte unbedingt an! Es gibt nichts Ärgerlicheres, als auf einen Kunden zu warten, und dieser erscheint nicht. Sie wissen nicht, ob Sie durch diesen Makler vielleicht Ihre zukünftige Traumimmobilie zu einem späteren Zeitpunkt kaufen werden, und es wäre kein guter Start, wenn das Vertrauen schon im Vorhinein geschädigt würde. Am besten sind Sie mindestens zehn Minuten vor dem Termin vor Ort. Durch diesen Zeitvorsprung können Sie sich in Ruhe darauf vorbereiten und/oder einen Parkplatz finden.

Lassen Sie sich die Immobilie vom Makler zeigen. Der Makler erwähnt oft ganz spezielle Informationen, die Ihnen sonst nicht oder nur in Kurzform per Exposé zugänglich sind. Schreiben Sie wichtige Informationen schon vor Ort in Ihr Exposé, um später die Informationen zur Hand zu haben. Sie können sich auch jederzeit verschiedene Checklisten in Bezug auf Fragen bei der Immobilienbesichtigung aus dem Internet herunterladen.

Fragen bei der 1. Besichtigung könnten unter anderem sein:

Stellen Sie generell alle Fragen, die Ihnen einfallen, während Sie die Immobilie besichtigen – viele Fragen lassen sich auch aus dem Exposé ableiten.

- Aus welchem Grund wird die Immobilie verkauft?
- Wie ist die Infrastruktur (Bus, Bahn etc.), wo befinden sich die nächsten Supermärkte, Kindergärten/Schulen, Ärzte, Parks, Freizeitmöglichkeiten, Verkehrsanbindungen (Autobahn, Flughafen, U-Bahn etc.) usw.?
- Gibt es Parkmöglichkeiten – auch für Gäste?
- Wie hoch sind die monatlichen Betriebskosten? Gibt es eine Aufstellung?
- Gab es in der Vergangenheit irgendwelche größeren Reparaturen? Wenn ja, welche?
- Stehen irgendwelche Reparaturen an und wann, wie z. B. Neudeckung des Daches in drei Jahren, Ausmalen des Stiegenhauses etc.?
- Können Sie etwas über die Gegend hier erzählen, stehen noch andere Objekte in dieser Gegend zum Verkauf?
- Gibt es irgendwelche Dinge, die wir noch über die Immobilie wissen sollten und nicht gefragt haben?

Wenn Ihnen die Immobilie zusagt, fragen Sie, ob Sie noch einmal allein durch die Räume gehen dürfen. Wie fühlen Sie sich in der Immobilie? Diese Frage ist ganz wichtig, da Sie in Zukunft eventuell darin wohnen werden.

Wenn Ihnen die Immobilie gefällt, zeigen Sie sich nicht zu begeistert, denn dies könnte Ihre Kaufpreisverhandlung später beeinflussen. Ein Verkaufsmakler könnte dem Eigentümer zurückmelden, dass dies genau das Objekt ist, das Sie schon so lange gesucht haben, dass vielleicht Ihre Familie in der Nähe wohnt, Sie ein erfolgreiches Business besitzen usw. Gründe, die dafürsprechen, dass Sie dieses Objekt unbedingt kaufen wollen, und damit wäre es vorbei mit Ihrer Preisverhandlungsstrategie. Wenn ein Partner sich sehr begeistert zeigt (aus der Emotion heraus), sollte der andere Partner sich eher etwas skeptisch verhalten. Auf der anderen Seite können Emotionen auch hilfreich sein, um gemeinsam mit dem Verkaufsmakler kreative Lösungen zu entwickeln, eine bestimmte Immobilie zu kaufen.

Ein kompetenter Makler kennt das Verhalten von kauffreudigen Kunden und weiß, dass das Objekt beiden gefallen muss, um den nächsten Schritt eines Angebotes einzuleiten. Denken Sie immer daran, dass sich der Kaufpreis auf VIELE Nebenkosten niederschlägt, wie Maklerprovision, Finanzierungskosten, Notarkosten, etc., da diese prozentuell vom Kaufpreis abhängig sind. Je geringer der Kaufpreis, desto geringer die Nebenkosten.

Zusätzliche Fragen, wenn Sie schon einen 2. Besichtigungstermin (mit einem Partner, Kindern etc.) in Betracht ziehen:

- Wie lange ist die Immobile schon gelistet? (Eine Immobilie, die lange auf dem Markt ist, wird in vielen Fällen günstiger verkauft, da es weniger ernsthafte Interessenten gab.)
- Wurde das Objekt schon einmal angeboten? (Wenn ja, wann und zu welchem Preis und warum wurde es nicht verkauft? Die Gründe könnten Ihre Preisstrategie/Verhandlungsbasis stärken, wenn sich eine gute, flexible Lösung finden lässt.)
- Wie viele schriftliche Angebote hat der Eigentümer schon bekommen und warum wurden diese nicht akzeptiert? (Wenn es keine schriftlichen Angebote gab, waren die Käufer vielleicht nicht wirklich interessiert, dies könnte Ihre Verhandlungsbasis stärken. Wenn es schriftliche Angebote gab, diese aber nicht akzeptiert wurden, wissen Sie jetzt, aus welchen Gründen der Verkäufer aussteigt.)

- Sind derzeit noch andere Käufer an dieser Immobilie interessiert? (Mit dieser Frage finden Sie heraus, wie schnell Sie handeln müssen, sollten Sie an dieser Immobilie interessiert sein. Wenn mehrere Käufer interessiert sind, könnte dies den Kaufpreis in die Höhe treiben, und Sie müssen schneller handeln, sollten Sie diese Immobilie wirklich kaufen wollen.)

Genauere Fragen bei der 2. Besichtigung

Stellen Sie bei der zweiten Besichtigung gezieltere Fragen und sehen Sie sich den Zustand der Immobilie noch genauer an – Sie kennen das Objekt ja schon.

Wie ist der zweite Eindruck? Was ist Ihnen dieses Mal aufgefallen, was hat sich im Vergleich zur ersten Besichtigung verändert? Machen Sie sich eine Gedankenliste (Notizen aufs Exposé), mit deren Hilfe Sie Informationen überprüfen können, die Ihnen bei der ersten Besichtigung nicht ganz klar waren, sowie generelle Unklarheiten klären können. Unter anderem könnten Sie folgende Informationen abfragen:

- Ab wann ist das Objekt bezugsfrei?
- Gibt es weitere Interessenten? Wenn ja, bis wann sollte eine Entscheidung getroffen werden?
- Wie wird geheizt (mit Strom, Wasser, Gas, Öl oder sogar mit Solar)? Wie hoch sind die Heizkosten im Monat/Jahr?
- Welche Einrichtungsgegenstände – bewegliches Mobiliar – können übernommen werden (Möbel, Lampen, Vorhänge, Gartengegenstände etc.)?
- Wie gut ist das Objekt gedämmt – gibt es einen Energieausweis?
- Gibt es einen schnellen Internetzugang?

- Gibt es Feuchtigkeitsprobleme (besonders im Keller)?
- Weiß man etwas über die Nachbarn in dieser Gegend (viele Kinder, ältere oder jüngere Menschen etc.)?
- Alter der Anlagen: Wie alt ist das Dach, die Fenster, die Heizung, Waschmaschine, der Herd, Mikrowelle, Heizung, Geschirrspüler etc.?
- Überprüfen Sie den Wasserdruck durch Aufdrehen der Armaturen, vor allem bei älteren Immobilien.
- Fordern Sie eine genaue monatliche Fixkosten Aufstellung der Betriebskosten (inklusive Versicherungen, Grundsteuer, Kaminfeger etc.).
- Bei Wohnungen könnte man Folgendes nachfragen: Wie hoch ist der Anteil von Eigentümern und Mietern im Haus? (Ein höherer Anteil an Eigentümern ist generell besser, da Mieter häufig wechseln und den Zustand/die Abnutzung des Hauses negativ beeinflussen.) Wie hoch ist der Reparaturfonds (Instandhaltungsrücklage) und sind größere Ausgaben in der Zukunft geplant? (Dadurch erkennen Sie, ob die Betriebskosten in naher Zukunft erhöht werden, wenn entweder der Reparaturfonds gering ist oder größere Ausgaben geplant sind.)

Im Internet finden Sie verschiedene Listen mit weiteren Besichtigungsfragen, die Sie sich bei Interesse herunterladen können.

Bei den meisten Besichtigungen ist ein sogenannter Besichtigungsschein/-nachweis des Maklers zu unterschreiben, der lediglich besagt, dass Sie dieses Objekt gesehen haben und Sie – sollte es zu einem Kauf kommen – die übliche Maklerprovision (durchschnittlich 3 % des Kaufpreises) an diesen Makler zahlen. Diese Provision wird nur fällig, wenn Ihr Angebot vom Verkäufer akzeptiert wurde.

VORSICHT: In manchen Ländern gibt es Exklusiv- bzw. Alleinaufträge. Wenn Sie diesen mit einem anderen Makler unterschrieben haben, könnte es hier bezüglich der Maklerprovision zu Problemen kommen. In dem Fall sollten Sie dem Makler mitteilen, dass Sie schon mit einem anderen Makler zusammenarbeiten, ansonsten könnten beide Makler bei Kauf des Objekts Ihre Provisionsansprüche stellen.

Machen Sie sich während und auch nach dem Besichtigungstermin Notizen auf dem Immobilienprofil/Exposé oder dessen Rückseite. Was hat Ihnen gut/nicht gut gefallen und warum? Es dauert oft nur fünf Minuten und ist Gold wert, wenn man dieses Objekt in Zukunft mit einem anderen, ähnlichen vergleicht. Später, wenn Sie einige Immobilien gesehen haben, können Sie gute Vergleiche ziehen und erinnern sich ganz genau an eine bestimmte Immobilie, weil Sie individuelle, für Sie wichtige Details schriftlich festgehalten haben.

Aus meiner Erfahrung als Maklerin weiß ich, dass einige Käufer anfangs ganz konkrete Vorstellungen von Ihrer Immobilie haben, welche sich aber im Laufe der Suche sehr oft verändern. Das ist auch gut so! Mit jeder Besichtigung bekommt man ein besseres Gespür dafür, was möglich ist, was einem besser gefällt und was nicht. Das Endresultat ist oft der ursprünglichen Vorstellung ähnlich, aber inkludiert meist weitere Aspekte, die man sich anfangs nicht vorstellen konnte. Deswegen sollte man mit offenen Augen und Herzen an das Projekt herangehen und sich darauf verlassen, dass sich nach intensiven Besichtigungen verschiedener Immobilien das Eigenheim ganz von selbst herauskristallisieren wird. Sie kennen das sicher: In der Intensität ergeben sich oft ganz eigene Situationen, und plötzlich fügt sich alles irgendwie zusammen. Denn mit jeder Besichtigung schließt man gewisse Eigenschaften aus oder lernt neue Eigenschaften kennen, die einem plötzlich wichtiger erscheinen. Man verändert also ursprüngliche Vorstellungen und verfeinert somit das Endprodukt – das Eigenheim, in dem Sie in Zukunft viele Jahre glücklich leben werden. Das ist ganz normal. Sie werden sehen, wenn Sie intensiv an der Suche dranbleiben, kommt in dieser Intensität der Suche die Immobilie, die für Sie passt, systematisch auf Sie zu.

Tipps und Aktionen:

- Vereinbaren Sie bei zwei bis drei für Sie interessanten Objekten einen Besichtigungstermin mit dem Immobilienmakler.
- Halten Sie die Exposés bereit und notieren Sie sich zusätzliche Fragen und Notizen - vor, während und nach der Besichtigung.
- Seien Sie pünktlich! Am besten sind Sie zehn Minuten vor dem vereinbarten Termin vor Ort. Halten Sie Termine IMMER ein oder sagen Sie diese rechtzeitig ab – denn auch der Immobilienmakler nimmt sich die Zeit, Ihnen die Immobilie zu zeigen.
- Lassen Sie sich vom Makler durch das Objekt führen und stellen Sie Fragen in Bezug auf das Exposé. Machen Sie sich Notizen, der Makler erwähnt oft zusätzliche Informationen, die nicht im Exposé stehen.
- Verabschieden Sie sich IMMER freundlich vom Makler. Sie wissen nicht, ob dieser vielleicht das nächste Mal eine Immobilie hat, die Sie dann tatsächlich kaufen wollen. Ein Makler kann Ihnen sehr viel erleichtern, aber auch erschweren, wenn Sie respektlos sind. Unterschätzen Sie das nicht. Der Makler ist Teil Ihres Expertenteams!

- Wenn eine Immobilie für Sie nicht in Frage kommt, sagen Sie das dem Makler. Dieser ist für ein Kundenfeedback meist sehr dankbar. Vielleicht hat er eine ähnliche Immobilie, die für Sie in Frage kommen könnte, wenn er weiß, wonach Sie suchen.
- Nehmen Sie sich nach jedem Besuch fünf Minuten Zeit Ihre positiven und negativen Eindrücke im Exposé zu vermerken. Was hat Ihnen besonders gut/nicht gefallen? Heften Sie das Exposé in Ihrer Immobilienmappe ab, damit Sie es später zum Vergleich griffbereit haben.

Jetzt möchte ich Ihnen gratulieren!

Wenn Sie es bis hierhergeschafft haben, dann haben Sie schon mehr als 50 % des Buches gelesen. Sollten Sie den bisherigen Text in einem Schwung gelesen haben, schlage ich Ihnen vor, jetzt eine kleine Pause einzulegen.

Stärken Sie sich für den zweiten Teil. Gehen Sie an die frische Luft, holen Sie Ihr Lieblingsgetränk und genießen Sie den Rest des Buches!

Die richtige Immobilie gefunden – Was nun?

Ich habe mit unzähligen Klienten in Kanada gearbeitet, und der Suchprozess war immer wieder ähnlich. Die meisten Käufer besichtigen 5 bis 40 Immobilien und oft sind unter diesen schon einige dabei, die der „Wunschimmobilie“ sehr nahekommen. Manche finden sie schneller, andere langsamer, aber jeder findet diese, wenn er fokussiert sucht und sich dafür Zeit nimmt. Also, je sorgfältiger Sie diesen Prozess durchlaufen, desto schneller werden Sie Ihr Ziel erreichen.

Mit jeder Besichtigung lernt man mehr über Immobilien und entwickelt dadurch automatisch eine gewisse Selbstsicherheit. Es ist vergleichbar mit einem Hobby, das man ausübt, mit jedem Mal wird man besser. Aber bei jedem noch so tollen Hobby gibt es natürlich auch den Punkt der Ermüdung/Frustration, der immer dann kommt, wenn man sich mit einer Sache sehr intensiv beschäftigt. Das ist ganz normal. Bei der Immobiliensuche ist es nicht anders. Man kommt an einen Punkt, an dem man keine Immobilien mehr sehen kann. Manche Menschen suchen deswegen zwischen drei Monaten und zwei Jahren, mit unterschiedlich langen Pausen dazwischen. Das soll Sie aber jetzt nicht entmutigen. Wir persönlich haben ein Jahr lang gesucht und verschiedene Häuser und Wohnungen besichtigt, bis wir das geeignete Objekt gefunden haben. Wenn Sie in Zukunft in Ihr

Eigenheim eingezogen sind, werden Sie die Suche danach schnell wieder vergessen und Ihr Eigenheim viele Jahre genießen.

Wann weiß man also, dass man die richtige Immobilie gefunden hat?

Man weiß es, wenn man sich in ihr befindet, aufgeregt ist und in Gedanken schon anfängt, Zimmer einzurichten, ja – wenn man sich selbst wirklich darin sehen kann. Es gibt für jeden die Immobilie, die passt. Wichtig ist, sich nicht entmutigen zu lassen, sondern am Prozess dranzubleiben, bis die richtige Immobilie sichtbar wird. Vertrauen Sie dem Prinzip „Energy flows where focus goes", also die Energie fließt dorthin, wo sich Ihr Fokus befindet. Solange Sie an der Suche dranbleiben, fokussieren Sie sich auf Ihr Ziel und dort fließt auch die Energie hinein, bis Sie es erreicht haben. Sie kennen das sicher aus Ihrem eigenen Leben. Viele erfolgreiche Menschen kennen und leben nach diesem Prinzip: Nicht aufzugeben und den Fokus so lange beizubehalten, bis man das Ziel erreicht hat. Bei der Immobiliensuche ist es ähnlich.

Wenn Übermüdung bzw. Frustration eintreten, legt man einfach eine Pause ein. Es gibt Zeiten, da kann man nichts mehr sehen oder hören, glaubt nicht mehr an die geeignete Immobilie und resigniert oder kauft etwas aus Erschöpfung. Tun

Sie das nicht! Dies passiert oft, wenn man kurz davorsteht, das passende Objekt zu finden.

Eine kleine Pause tut dann ganz gut, damit sich Eindrücke setzen können, man etwas Abstand gewinnt und das Gelernte bzw. die Information vom Kurzzeit- in das Langzeitgedächtnis übergeht. Ruhe muss immer wieder einkehren, so wie bei Prüfungen/Projekten, bei denen es intensive Zeiten und Pausen gibt, in denen man wieder Kraft für Neues schöpft. Geben Sie also nicht schon nach der ersten Übermüdungsphase auf oder finden Sie sich mit einer „Okay"-Immobilie ab. Kaufen Sie nur, wenn die Immobilie Sie innerlich begeistert, alles abgeklärt wurde und Sie sich freuen, diese bald Ihr Eigen nennen zu dürfen.

Glauben Sie mir, es zahlt sich aus. Genießen Sie den Such- und Lernprozess, lernen Sie die vielen Facetten der Immobilienobjekte kennen und suchen Sie sich – wie in einem Supermarkt – die Immobilie aus, die zu Ihnen passt.

VORSICHT: Kündigen Sie NICHT Ihre Miete, bevor Ihr Kaufangebot angenommen wurde. Es dauert normalerweise zwei bis drei Monate, bis Sie mit Ihrem Eigenheim als Eigentümer im Grundbuch stehen. Wichtig ist, dass Sie nicht unter Zeitdruck geraten, wie es z. B. nach einem gekündigten Mietverhältnis der Fall wäre, da man vielleicht dann schnell etwas aus Not kauft, aber nicht das, was einen wirklich innerlich beflügelt. Eine der größten Investitionen im Leben – das Eigenheim – sollte gut durchdacht, vorbereitet, ausgesucht und verhandelt werden, um Zeit, Nerven und vor allem Kosten zu sparen. Wichtig ist, dass man smart investiert, also eine Immobilie in einer durchschnittlich guten Lage kauft, die sich in einem relativ guten Zustand befindet, mit einem Kaufpreis, der nicht überhöht ist und einer guten Finanzierung. Noch besser wäre es, wenn der Kaufpreis dieser Immobilie etwas unter dem Marktpreis liegt.

Oft passiert es, dass man – kurz bevor das richtige Objekt auftaucht – eine Immobilie besichtigt, die der Wunschimmobilie schon sehr ähnlich ist. Es stellt sich dann die Frage, ob man zugreifen soll oder nicht. Meine Erfahrung ist: Entscheiden Sie sich nur für den Kauf, wenn Sie (und Ihr Partner!) sich wirklich sicher sind, diese nicht nur „aus Angst, es kommt nichts Besseres mehr" oder „aus dem Gefühl, dass man sich ja für irgendetwas entscheiden muss" zu kaufen.

Ein kompetenter Immobilienmakler erkennt, wenn der Klient „das richtige Objekt" gefunden hat. Man sieht das Leuchten in den Augen, den Gesichtsausdruck, die Aufgeregtheit und die Emotionalität des Klienten. Als Makler freut man sich mit dem Klienten und kann es kaum erwarten, diesen erfolgreich durch den Kaufprozess zu begleiten.

Bevor Sie jedoch ein verbindliches, schriftliches Kaufangebot stellen, sollten Sie unter anderem folgende Objektunterlagen vom Makler erhalten haben:

- Alle Unterlagen zu diesem Objekt inklusive Bilder, Grundrisse, Lageplan, etc.
- Aufstellung der monatlichen Fixausgaben (Strom, Wasser, Heizung, Müllabfuhr, Grundsteuer etc.) und eine jährliche Betriebskostenabrechnung
- Energieausweis (ein guter Energieausweis kann die Heizungskosten positiv beeinflussen)

Folgende Informationen wären noch interessant, es kann aber sein, dass man diese nicht vor dem Angebot zu sehen bekommt.

- Grundbuchauszug (Wie viele Eigentümer gibt es? Hat jemand ein Wohnrecht auf Lebenszeit? Gibt es Lasten und Einschränkungen, besteht ein Wegerecht, Denkmalschutz? Gibt es ein Veräußerungsverbot etc.?)
- Bauplan (Ist alles legal oder gibt es Veränderungen, die nicht genehmigt worden sind? Der Bauplan liegt oft bei den Gemeinden auf, jedoch braucht man zur Einsicht die Einwilligung des Besitzers/Verkäufers.)

- Ist das Grundstück frei von Altlasten, z. B. Asbest, Chemikalien, Öl bei undichten Heizöltanks etc., die meist nur mit sehr hohen Kosten behoben werden können.

Überprüfen Sie den Zustand des Hauses (bei Wohnungen ist dies nicht unbedingt nötig) am besten durch einen zertifizierten oder gerichtlich beeideten Immobiliensachverständigen – dies kann GOLD wert sein. Dieser Experte sieht hinter die Kulissen und bemerkt Dinge, die Sie nicht gleich erkennen, da Sie auf diesem Gebiet vielleicht kein Experte sind. Zusätzlich könnten Sie dabei auch eine Checkliste für eventuelle Erneuerungen und bzw. oder Renovierungen erstellen. Ein Immobiliensachverständiger kann Ihnen auch ungefähre Kosten diesbezüglich nennen, welche Sie eventuell beim Verhandeln des Kaufpreises verwenden könnten. Bei Interesse können manche Immobiliensachverständige auch den aktuellen Marktwert der Immobilie bestimmen.

Bei einem Wohnungskauf sollte man unter anderem zusätzlich noch auf Folgendes achten:

- Wohnungseigentumsvertrag überprüfen: Welche Stimmrechte, Änderungsrechte oder Aufteilungsschlüssel wurden für die laufenden Kosten vereinbart?

- Berichte der letzten drei Jahre der Eigentümer Jahresversammlung einsehen: Daraus erkennt man, welche Probleme es derzeit gibt und welche künftigen Ausgaben in Zukunft geplant sind, wie hoch der Rücklagenfonds derzeit ist, sollte eine größere Ausgabe oder Reparatur in Zukunft vorgesehen sein (Dach, Fassade, Sanierung, Heizungsaustausch etc.).
- Abrechnung der Betriebskosten, Heizkosten und des Reparaturfonds der letzten drei Jahre
- Falls die Immobilie vermietet ist: Ab wann ziehen die Mieter aus und wann könnten Sie frühestens einziehen?

Eine Immobilie, die man kaufen möchte, sollte man mindestens zwei- bis dreimal besichtigen, da man beim ersten Mal vieles vor Begeisterung gar nicht sieht. Besichtigen Sie die Immobilie auch zu unterschiedlichen Tageszeiten (morgens, mittags, abends), da sich das Umfeld zu verschiedenen Zeiten leicht ändert (Gerüche in der Nähe von Firmen, Lärm bei Stoßzeiten, Lichteinfall etc.). Am besten fährt man auch spätabends zur Immobilie, um zu spüren, wie sicher man sich in dieser Gegend am Abend bewegt.

Bei meinem ersten Immobilienkauf war ich von einer Immobilie sehr begeistert und stand kurz vor einem Angebot. Damals fragte ich den Makler, ob die Gegend, in der sich diese Immobilie befand, für junge Frauen wie mich am Abend sicher sei. Dieser meinte, es wäre kein Problem. Ich wollte mir die Gegend trotzdem am Abend ansehen. Da eine Immobilie eine größere Investition ist und ich damals abends gerne tanzen ging, wollte ich mich vergewissern, dass ich spätabends alleine ohne Probleme unterwegs sein konnte. Also rief ich eine Freundin an und wir fuhren gemeinsam in diese Gegend. Wie sich dabei herausstellte, hat mir der Makler verschwiegen, dass es drei Blöcke weiter ein Rotlicht-Etablissement gab. Als wir abends dort unterwegs waren, wurden wir von Männern in schwarzen Limousinen „begutachtet", die ihre Runden um die Häuserblöcke „meiner neuen Wohnung" drehten. Sie können sich vorstellen, dass dies meine Kaufmotivation damals gewaltig untergrub, obwohl ich mich innerlich schon sehr an diese wunderbare Wohnung gebunden hatte. Ich habe den Makler dann angerufen, darauf angesprochen und ihm gesagt, dass ich an dieser Wohnung nicht weiter interessiert sei. Tja, lieber ein Ende mit Schrecken als ein Schrecken ohne Ende. Also besser weitersuchen, denn es kommen immer wieder neue tolle Immobilien auf den Markt, wenn man sich wirklich die Zeit nimmt, diese „Schmuckstücke" zu finden.

Kaufangebot stellen inklusive möglicher Bedingungen

Entscheidet man sich für den Kauf einer Immobilie, setzt man üblicherweise nicht sofort einen Kaufvertrag auf (dazu braucht man einen Notar oder Rechtsanwalt), sondern man legt dem Verkäufer – oft durch den Immobilienmakler – ein sogenanntes Kaufangebot/Kaufanbot vor. Dieses erklärt die Absicht des Kaufs einer Immobilie, zu einem bestimmten Kaufpreis unter den schriftlich inkludierten Bedingungen. Wird dieses Kaufangebot vom Verkäufer akzeptiert, dann ist es ein verbindliches Angebot mit rechtlichen Folgen, das heißt, man kann davon nicht ohne Folgen zurücktreten.

VORSICHT: Laut der Arbeiterkammer Niederösterreich „Rücktritt von Immobiliengeschäften“ (2019) und dem österreichischen Konsumentenschutzgesetzes (§30 a KSchG Rücktritt von Immobiliengeschäften) gilt folgende Rücktrittsregel: Wenn Sie das Kaufangebot am gleichen Tag der ersten Besichtigung unterschreiben (und eine Kopie erhalten haben) UND der Erwerb der Deckung eines dringenden Wohnbedürfnisses des Verbrauchers oder eines nahen Angehörigen dienen soll, können Sie innerhalb einer Woche vom Kaufangebot schriftlich zurücktreten. Dieses Rücktrittsrecht erlischt sofort, wenn Sie ein Kaufangebot nicht am gleichen Tag der ersten

Besichtigung machen. Dann sind Sie rechtlich an das Kaufangebot gebunden, wenn der Verkäufer dieses akzeptiert hat. Tritt man von einem (vom Verkäufer) akzeptierten Kaufangebot zurück, könnte es zu Schadensersatzansprüchen seitens des Verkäufers und des Immobilienmaklers kommen (z. B. in Bezug auf die Provision, oder wenn der Verkäufer einen anderen Käufer auf Grund dessen verloren hat). In vielen Fällen können Sie nur durch Einwilligung des Verkäufers, oder wegen Verzuges des Verkäufers oder „Nichteintritt wesentlicher Bedingungen" aus dem Kaufangebot aussteigen. Deswegen ist es wichtig, dass man die Bedingungen/Konditionen und Eckdaten des späteren Kaufvertrags schon im Kaufangebot schriftlich festhält. Werden Ihre Bedingungen im Kaufangebot nicht erfüllt, z. B. Ihre Kreditrate ist viel zu hoch und nicht zufriedenstellend für Sie oder der Bausachverständige hat Schimmelbefall gefunden etc., ist es leichter aus einem bereits akzeptierten Kaufangebot auszusteigen. Das schriftliche Kaufangebot bildet also die Basis für den späteren Kaufvertrag, der den Käufer durch die Bezahlung des Kaufpreises und die Eintragung in das Grundbuch zum neuen Eigentümer macht.

In vielen Fällen bekommt der Käufer ein vorformuliertes Angebot vom Makler oder Verkäufer vorgelegt, welches die Unterfertigung erleichtern soll. Wichtig ist, dass Sie überprüfen, ob das Angebot Aspekte enthält, die für Sie als

Käufer nachteilig sind. Besser ist es, wenn Sie Ihr Kaufangebot selbst verfassen oder das vorgelegte Muster entsprechend ändern.

Seien Sie sich immer bewusst: SIE kaufen, also können SIE die Bedingungen und Konditionen bestimmen, denn SIE bringen das Geld mit. Damit der Kauf zustande kommt, müssen Sie natürlich mit dem Verkäufer eine Übereinstimmung treffen. Es ist fast alles verhandelbar, also lassen Sie sich durch ein Musterangebot nicht verunsichern, es soll eher der Vereinfachung dienen. Wenn ein Kaufangebot von beiden Seiten akzeptiert wurde, kann man im Nachhinein ohne Zustimmung der anderen Partei meist nicht mehr viel ändern. Übrigens ist eine Anzahlung jeglicher Art sehr unüblich. Diese könnten Sie verlieren, wenn der Kauf – aus welchen Gründen auch immer – nicht zustande kommt.

VORSICHT: Ein Vertragsabschluss hat keine Formerfordernisse und könnte auch mündlich gemacht werden. Man sollte jedoch davon UNBEDINGT Abstand nehmen, vor allem wenn Sie den Verkäufer sehr gut kennen (die sogenannte Handschlagqualität, die in ländlichen Gegenden oft üblich ist). Nicht selten gehen die besten Beziehungen und Freundschaften durch Uneinigkeiten wegen Geldfragen in die Brüche. Freunde und manchmal auch Familienmitglieder können sich hier unabsichtlich in mächtige Feinde verwandeln. Missverständnisse lassen sich oft durch mündliche Abmachungen nicht mehr nachweisen, und jeder ist aus seiner eigenen Perspektive betrachtet im Recht. Um stressvolle Situationen zu vermeiden, machen Sie immer ein schriftliches Kaufangebot und lassen Sie dann den tatsächlichen Kaufvertrag mit Hilfe eines Notars oder Rechtsanwaltes aufsetzen, um Unklarheiten, und damit Schwierigkeiten zu vermeiden. Bevor Sie ein schriftliches Angebot einreichen, sollten Sie einen Grundbuchauszug vom Makler/Verkäufer erhalten. So können Sie vermeiden, unangenehme Überraschungen zu erleben, sollte der Verkäufer nicht der einzige Besitzer sein, ein Mietrecht auf Lebenszeit eingetragen sein oder andere manchmal typische mit dem Eigentum verbundene Belastungen wie Dienstbarkeiten, Wegerechte, Pfandrechte, Veräußerungs- und Belastungsverbote etc. aufscheinen.

Sie sollten sich unter anderem über folgende Eckpunkte in Bezug auf das Angebot im Klaren sein:

- Ihren Kaufpreis im Angebot
- Grundbuchauszug
- Inkludierte Konditionen, die für Sie wichtig sind, wie z.B. Finanzierung, Immobiliensachverständiger, inkludiertes Mobiliar wie Lampen, etc.
- Übersicht über die Kaufnebenkosten inklusive Maklerprovision

- Schlüsselübergabe inklusive Einzugstermin und Übergabeprotokoll
- Grundbucheintragung, etc.

Überlegen Sie auch, welche der folgenden Konditionen Ihnen vielleicht nützlich für Ihr Kaufangebot sein könnten:

Kondition: Finanzierung zufriedenstellend für den Käufer

Wenn Sie diese Finanzierungskondition inkludieren, die für Sie als Käufer zufriedenstellend sein sollte (ohne die genaue Höhe des Kreditrahmens oder Zinssatzes festzulegen), könnten Sie eventuell als Käufer aus dem Kaufangebot aussteigen, sollte die Finanzierung nicht zustande kommen.

Kondition: Immobiliensachverständiger

Vor dem Kauf einer älteren Immobilie sollten Sie diese von einem Immobiliensachverständigen untersuchen lassen, damit Sie den baulichen Zustand genau kennen. Er kann herausfinden, ob Sanierungen nötig sind oder in Zukunft größere Ausgaben anstehen, wie z. B. für ein neues Dach, Reparaturen aufgrund einer instabilen Statik des Hauses, Erneuerung der Fassade,

Wärmedämmung, undichte Fenster etc. Meist überprüft der Immobiliensachverständige anhand der Baupläne auch, ob alles rechtlich und legal gebaut wurde, damit man nicht plötzlich im Nachhinein erfährt, dass z. B. der Zaun zum Nachbar außerhalb der Grundstücksgrenze errichtet wurde. Dieser will dann plötzlich, dass der Zaun entweder abgerissen wird oder dass der neue Besitzer ihm die verlorenen Quadratmeter zum Marktpreis abkauft. So etwas könnte teuer werden und sollte auf jeden Fall vorher schriftlich geklärt sein, bevor Sie Eigentümer sind.

Kondition: Einsicht in die Abrechnung der Betriebskosten (letzten zwei bis drei Jahre)

Daraus ersehen Sie die tatsächlichen jährlichen Kosten, die mit der Immobilie verbunden sind. Diese können Sie pro Monat ausrechnen und zu Ihrer monatlichen Darlehensrückzahlung dazurechnen, um einen Überblick der ungefähren monatlichen Gesamtausgaben Ihrer Immobilie zu erhalten. Sollten die jährlichen Betriebskosten sehr unterschiedlich sein, könnte man nachfragen, woher diese Diskrepanz in den verschiedenen Jahren stammt.

Bei Wohnungen fordern Sie auf jeden Fall eine Einsicht in die Eigentümerversammlungen der letzten drei Jahre an. Diese Protokolle verschaffen Ihnen einen Überblick über die derzeitigen

Probleme und decken auf, ob in Zukunft eventuell größere Ausgaben geplant sind, z. B. das Ausmalen des Stiegenhauses/Treppenhauses, eine Generalsanierung, die Erneuerung der Garage, der Austausch der Heizungsanlage etc. Wichtig ist auch die Höhe des Reparaturfonds zu erfahren, in den alle Eigentümer einen bestimmten Betrag pro Monat einzahlen, der von der Anzahl der Quadratmeter der jeweiligen Wohnung abhängig ist. Ist der Reparaturfond zu niedrig, könnte der monatliche Beitrag bezüglich des Reparaturfonds in Zukunft steigen.

Kondition: Inkludiertes bewegliches Mobiliar (extra Liste)

Welches Mobiliar hätten Sie gerne inkludiert? Tische, Betten, Kästen/Schränke, Swimmingpool-Zubehör, Rasenmäher, Lampen in der gesamten Immobilie etc. Seien Sie hier genau, damit Sie bei der Übernahme Ihrer Immobilie keine Überraschungen erleben, wenn Sie plötzlich feststellen, dass das eine oder andere fehlt. Generell gilt, dass alle beweglichen Güter (also alle, die nicht eingebaut sind, sondern frei beweglich sind) NICHT im Kauf inkludiert sind, es sei denn, Sie inkludieren diese. Es wäre gut, wenn Sie diesbezüglich eine zusätzliche Liste anfertigen und diese dem Kaufangebot beilegen, damit auch diese Liste von beiden Seiten unterschrieben wird.

Erwähnen Sie auch, dass eingebaute elektrische Geräte (Geschirrspüler, Mikrowelle etc.), die Sie bei der Übergabe übernehmen, in einwandfreiem Zustand sind und funktionieren sollten! Funktionieren gewisse Geräte nicht, sollte Ihnen der Eigentümer Bescheid geben. Er könnte diese vorher richten lassen oder den Kaufpreis mindern.

Kondition: Zugesicherte Wohnbauförderung

Qualifizieren Sie sich für eine Wohnbauförderung oder können Sie eine laufende Wohnbauförderung für das Objekt vom Vorbesitzer übernehmen, sollte diese durch das Einreichen eines Antrages vom Amt zugesichert werden. Sie müssen bestimmte Voraussetzungen erfüllen, damit Sie vom Amt eine Wohnbauförderung bekommen. Ihr Immobilienmakler hilft Ihnen diesbezüglich gerne weiter.

Kaufpreisstrategie – realistische Kaufpreise

Wenn eine Immobilie zum Verkauf angeboten wird, macht der Makler in vielen Fällen eine Marktanalyse und bewertet die zum Kauf angebotene Immobilie. Er spricht mit dem Verkäufer, den er vertritt, und beide einigen sich auf einen Verkaufs- bzw. Listenpreis. Oft möchte der Verkäufer, dass dieser etwas höher als der Marktpreis angesetzt wird. Die Gefahr bei zu hoch angesetzten Kaufpreisen ist, dass die Immobilie länger auf dem Markt bleibt, und es kommt nicht selten vor, dass diese nach längerer Zeit dann unter dem eigentlichen Marktwert verkauft wird. Dies kann ein Vorteil für den Käufer sein, denn überhöhte Kaufpreise locken meist wenig Kaufinteressenten an. In vielen Fällen ist der Verkäufer dann froh, wenn dieser nach längerer Zeit zumindest ein schriftliches Angebot bekommt.

Vergessen Sie nicht, als Käufer sind Sie immer im „Driver Seat“, das heißt, Sie bringen das Geld mit und könnten jederzeit diese oder auch eine andere Immobilie kaufen. Ein Käufer, der Zeit hat, hat Zugriff zu vielen Immobilien und kann wie im Supermarkt „shoppen gehen“.

Meiner Erfahrung nach bekommt ein Verkäufer durchschnittlich zwischen einem bis vier Angebote und wird sich irgendwann für einen Käufer entscheiden, wenn verkauft werden soll.

Deswegen ist es ganz wichtig festzustellen, wie motiviert der Verkäufer ist, seine Immobilie zu verkaufen, denn auch dies beeinflusst den Kaufpreis, den der Verkäufer letztendlich annehmen wird. Je motivierter der Verkäufer ist, das heißt, je dringender er verkaufen muss, desto flexibler ist der Kaufpreis, z. B. bei Scheidungen, Erbschaften, Todesfall, Umzug ins Ausland etc.

Um die **Verkaufsmotivation herauszufinden**, sollten Sie den Makler/Verkäufer fragen, (1) wie lange die Immobilie derzeit schon auf dem Markt ist, (2) ob die Immobilie früher schon einmal gelistet wurde und wenn ja, zu welchem Preis und warum diese nicht verkauft wurde UND (3) ob es schon schriftliche Angebote gegeben hat und falls ja, warum diese nicht akzeptiert wurden.

Ein zusätzlich oft unterschätzter emotionaler Faktor für den Verkäufer ist die Sympathie für den Käufer. Oft werden Verkäufer sehr kreativ, wenn sie den Käufer sympathisch finden, da „kommt es dann auf ein paar Tausender mehr oder weniger nicht an, denn man weiß, die Immobilie hat einen guten Besitzer gefunden". Für den Käufer machen ein paar Tausender jedoch einen großen Unterschied. Man bedenke da vor allem die Neben- und Finanzierungskosten, die prozentuell vom Kaufpreis berechnet werden (Makler, Notar, Finanzierungskosten, Grundbucheintragung etc.). Verärgern sie also NIE den Verkäufer, sondern testen Sie nur seine Limits mit einem etwas niedrigeren Kaufpreis. Sie sollten stets freundlich und höflich bleiben, auch wenn der Verkäufer schwierig oder in Ihren Augen sogar „unmöglich“ ist. Mit Ihrer Geduld und Professionalität könnten Sie sich hier einiges an Geld sparen. Im schlimmsten Fall können Sie immer noch – falls Sie die Immobilie wirklich kaufen wollen – auf den Preis des Verkäufers einsteigen. Dies ist aber nur möglich, wenn Sie respektvoll und freundlich bleiben, sonst kann es passieren, dass der Verkäufer Ihnen seine Immobilie nicht verkauft, egal zu welchem Preis.

Wenn die Immobilie sehr begehrt ist, das heißt, mehr „echte“ Interessenten hat, dann sollten Sie sich beeilen, wenn Sie die Immobilie wirklich erwerben wollen. Ansonsten kann es passieren, dass Ihnen diese ein anderer wegschnappt. Für manche Käufer machen dann oft ein paar Tausender mehr oder weniger nichts aus, da man endlich die passende Immobilie gefunden hat.

Realistische Kaufpreise:

Es gibt unterschiedliche Möglichkeiten einen realistischen Kaufpreis für ein Kaufangebot zu erfahren:

Der **Makler kann Ihnen eine Auskunft über den durchschnittlichen Marktpreis** einer Immobilie in der jeweiligen Gegend geben, da der Makler in vielen Fällen eine Marktanalyse für diese Gegend gemacht hat und die realen Kaufpreise dadurch genau kennt. Zusätzlich könnte man den Makler fragen, welche Immobilien hier in den letzten drei Jahren verkauft worden sind. Diesbezüglich haben manche Makler Zugang zu verschiedenen internen Datenbanken, die Verkaufspreise der Immobilien in bestimmten Lagen speichern. Oft orientieren sich Makler an dem Österreichischen Immobilienpreisspiegel, der einmal im Jahr aufgrund von Kaufpreisen kalkuliert wird. Zusätzlich könnte man sich an den Informationen der Statistik Austria „Immobilien Durchschnittspreise“ (2018) orientieren, dessen Datengrundlage die getätigten Käufe von Häusern, Wohnungen und Grundstücken in Österreich bilden. In verschiedenen Ländern gibt es unterschiedliche Datenbanken, die Makler diesbezüglich nutzen.

Wenn man die genaue Adresse kennt, kann man sich **beim Bezirksgericht der Stadt/Gemeinde** sogar **Kaufverträge einsehen**, da diese in vielen

Ländern öffentlich zugänglich sind. Man kann sich diese oft gegen eine geringe Kopierkosten ausdrucken lassen. Der Vorteil ist, dass man den Kaufpreis der Immobilie in den Kaufverträgen sieht und auch die Konditionen, die in den jeweiligen Verträgen ausgehandelt wurden. Die wenigsten Erstkäufer wissen, dass Immobilienkaufverträge jederzeit öffentlich zugänglich sind. Beim Vergleichen sollte man jedoch immer auf die Lage achtgeben, die Größe des Grundstücks, die Wohn- und Nutzungsflächen sowie die Ausführung des Objektes (Immobilie, Garten, Garage, Swimmingpool etc.), die den Preis beeinflussen. Zusätzlich lernt man, wie verschiedene Kaufverträge aussehen und welche Konditionen üblicherweise inkludiert werden. Scheuen Sie sich also nicht, das Bezirksgericht aufzusuchen, um sich den einen oder anderen Kaufvertrag ausdrucken zu lassen.

Jedes Jahr bieten **verschiedene Internetportale Berichte über aktuelle Immobilien- und Grundstückspreise an**, über die man an ungefähre Kaufpreise gelangen kann. **VORSICHT:** Dies sind oft Listenpreise, die Verkäufer zwar gerne hätten, aber nicht auf tatsächlichen Kaufpreisen basieren. Man sollte deswegen auch die Quellen und Referenzpreise hinterfragen, die von verschiedenen Internetportalen zur Preisermittlung verwendet wurden.

Wenn man sich entschieden hat, eine bestimmte Immobilie zu kaufen, kann man auch **einen Immobiliensachverständigen mit einer Hausinspektion und Ankaufspreisanalyse beauftragen**. Dieser bewertet die Immobilie aufgrund ähnlicher Immobilien in einer bestimmten Lage und gibt Ihnen eine realistische Kaufpreisspanne.

Rufen Sie sich in Erinnerung, dass sich Immobilien durchschnittlich 5 bis 15 % unterhalb des Listenpreises verkaufen. Recherchieren Sie den ungefähren Prozentsatz, der in Ihrem Land/in Ihrer Stadt üblich ist.

Der Immobiliensachverständige

Ein zertifizierter Immobiliensachverständiger kann in einem detaillierten Bericht den Status quo der Immobilie aufzeigen (Vor- und Nachteile wie z. B. Reparaturen etc.), und eine realistische Kaufpreisspanne nennen. Dadurch erhalten Sie Klarheit über den derzeitigen Zustand der Immobilie. Der Sachverständige zeigt Ihnen den Renovierungs-/Sanierungsbedarf auf und könnte Sie auf Kosten aufmerksam machen, mit denen Sie in Zukunft rechnen müssen. Der Vorteil ist, dass man nicht die Katze im Sack kauft. Die Immobilie wird in zwei bis drei Stunden genauestens unter die Lupe genommen (natürlich mit dem Einverständnis des Verkäufers), und man bekommt dadurch ein gutes Gefühl für das begehrte Objekt. Wichtig ist, dass Sie mit dem Immobiliensachverständigen mitgehen und alles fragen, was Sie interessiert. Sie werden feststellen, dass Sie hier sehr viel lernen und „Ihre zukünftige Immobilie“ bis ins Detail kennenlernen. Notizen sind von Vorteil, da man hier einen echten Fachmann an der Seite hat, der sich mit dieser Immobilie einige Stunden lang beschäftigt. Die durchschnittlichen Kosten für den Service eines Immobiliensachverständigen können sich zwischen € 800 und € 3000 belaufen und sollten auf jeden Fall einen schriftlichen Bericht beinhalten. Zusätzlich kann man diese Objektbewertung in vielen Fällen auch für die

Finanzierungsqualifikation bei der Bank verwenden, da viele Banken Immobilien nur finanzieren, wenn eine Objektbewertung vorliegt. Wenn keine gemacht wurde, wird diese meist von Banken selbst vorgenommen und dann an Sie weiterverrechnet, mit dem Unterschied, dass Sie den Bericht nicht sehen. Denn hier handelt es sich meist nur um eine ungefähre Kaufpreisspanne, damit die Bank weiß, wie viel das Investment wert ist, sollten Sie Ihren monatlichen Zahlungen nicht mehr nachkommen. Für eine reine Kaufpreisbewertung der Immobilie verrechnen Ihnen unterschiedliche Banken ungefähr zwischen € 250 bis € 400.

Einem meiner Bekannten habe ich bei einem Kauf eines älteren Hauses geraten, auf jeden Fall einen Immobiliensachverständigen zu involvieren. Es hat sich herausgestellt, dass der Keller von nicht sichtbarem Schimmel befallen und die Statik des Hauses unstabil war, somit das gesamte Objekt grundsaniert werden musste. Der Kaufpreis war hierfür viel zu hoch angesetzt. Der Verkäufer wollte den Kaufpreis trotzdem nicht reduzieren. Letztlich hat mein Bekannter diese Ankaufsüberprüfung vor großen zukünftigen Kosten bewahrt und ihm viel Nerven und Zeit gespart. Im Nachhinein war er sehr froh, somit noch einigermaßen „günstig“ davongekommen zu sein.

In Kanada werden der Großteil der Immobilien mit Hilfe eines Immobiliensachverständigen (sogenannte „Home Inspectors“) gekauft. Es ist eine der Standardkonditionen in vielen Kaufangeboten. Man kann auf YouTube immer wieder verschiedene „Horrorszenarien“ finden, wie es Käufern ergangen ist, die keinen Immobiliensachverständigen involviert haben. Im schlimmsten Fall können manche ihre Häuser gar nicht bewohnen (Schimmelbefall, statische Probleme etc.). Oft bleiben dann nur noch das Abreißen und der Neubau als Option, denn es könnte jahrelange rechtliche Konsequenzen nach sich ziehen, eine Immobilie mit diesen Problemen wissentlich weiterzuverkaufen („versteckte Mängel“).

Wenn Sie also ernsthaft an einem bestimmten Haus interessiert sind und in diese Immobilie investieren wollen, sollten Sie am besten einen guten Immobiliensachverständigen zu Rate ziehen und hier nicht am falschen Platz Geld sparen.

Tipps und Aktionen:

- Überlegen Sie sich, welche Konditionen Sie in Ihr künftiges Kaufangebot inkludieren möchten und warum.
- Suchen Sie im Internet nach einem Kaufangebot eines Immobilienmaklers. Verschiedene Muster zeigen Ihnen, wie ein übliches Kaufangebot aussieht.
- Versuchen Sie ein realistische Kaufpreisspanne für Ihr Objekt herauszufinden. Vergessen Sie nicht, dass Immobilien 5 bis 15 % unterhalb des Listenpreises verkauft werden.
- Vergleichen Sie verschiedene Immobiliensachverständige, und wählen Sie jemanden aus, den Sie im Falle eines Immobilienkaufes beauftragen tatsächlich können.

Die Bank – die beste Finanzierung auswählen

Als Investor in Ihr Eigenheim sollten Sie die Bank als Partner sehen, der Ihnen hilft, langfristig eine große Investition zu tätigen. Der Vorteil ist, dass Sie schon in kurzer Zeit, oft innerhalb einiger Monate, in Ihr Eigenheim einziehen können. Bei einem gut verhandelten Immobilienkredit genießen Sie zwei Vorteile: Erstens die Hebelwirkung Ihrer Eigenkapitalrendite (das heißt, Sie brauchen durchschnittlich nur 20 % Bargeld/Eigenmittel) und zweitens ein kostenloses Risikomanagement, bei dem die Bank das Risiko für den Darlehenskredit, den Sie Ihnen zur Verfügung stellt, bewertet. Das heißt, die Bank überprüft einerseits, ob Sie sich als Kunde diese Immobilie leisten können, da Sie ja von Ihnen die monatliche Kreditrückzahlung bekommt und untersucht andererseits den tatsächlichen Marktwert der Immobilie (angemessen und nicht überhöht), um sicherzustellen, dass diese im Notfall verkauft werden kann. Die Immobilie gilt als Sicherheit für das Darlehen und wird mit einer Grundschuld zugunsten der Bank im Grundbuch – neben Ihnen als Eigentümer – eingetragen, ein üblicher Vorgang.

Banken, die eine Immobilienfinanzierung vergeben, prüfen, ob der Kunde (1) über eine gute Kreditwürdigkeit (Bonität), (2) über genug

Eigenkapital (durchschnittlich 15 bis 25 % des Kaufpreises) verfügt, (3) ein regelmäßiges Einkommen bezieht (angestellt oder selbstständig) und (4) sich die künftigen monatlichen Kreditzahlungen leisten kann.

Eine Bonitätsprüfung gibt Auskunft über die Zuverlässigkeit und Zahlungswilligkeit eines Kunden, das heißt, wie viel Geld schuldet der Kunde anderen Firmen etc. und wie gut ist das monatliche Rückzahlungsverhalten z. B. bei einem finanzierten Auto, etc. Um einen Kreditwürdigkeits- oder Bonitätscheck zu veranlassen, kann man sich in Österreich mit dem KSV (Kreditschutzverband von 1870) oder in Deutschland mit der SCHUFA Holding AG (Schutzgemeinschaft für allgemeine Kreditsicherung) in Verbindung setzen, die aus öffentlichen Quellen wie den Schuldnerverzeichnissen der Amtsgerichte, Banken, Sparkassen und anderen Vertragspartnern ihre Daten bezieht. Dort findet man Informationen über die eigene Bonität und welche Schuldverhältnisse genau in Bezug auf die eigene Person eingetragen sind.

Wenn Sie sich gut vorbereitet haben, kennen Sie schon den ungefähren Kreditrahmen Ihrer eigenen Hausbank. Wie erwähnt, sollte man nicht gleich einen Darlehensvertrag bei der Hausbank unterschreiben, da dieser vielleicht nicht die besten Konditionen beinhaltet. Oft sind die besten

Konditionen für Neukunden bestimmt. Es kann aber durchaus sein, dass Ihre Beziehung zu Ihrer Bank so gut ist, dass Sie eine sehr gute Darlehensfinanzierung bekommen. In jedem Fall, vergleichen Sie diese mit denen anderer Banken. Manchmal erlebt man hier noch interessante Überraschungen und kann sich einiges an Geld sparen.

Um einen Immobilienkredit zu bekommen, werden alle Einkünfte zusammengerechnet. Dokumente, die Sie zum Finanzierungsgespräch mitbringen sollten, sind Einkommens- und Eigenkapitalnachweise (z. B. Lohn- und Gehaltsabrechnungen der letzten drei Monate, bei Selbstständigkeit meist die letzten zwei bis drei Steuererklärungen, Ersparnisse, Erbe, Auszahlung einer Lebensversicherung und/oder eines Bausparvertrages, etc.), das Exposé der Immobilie, die Objektbewertung eines Sachverständigen, falls Sie diese schon haben, und einen Meldezettel.

Lesen Sie jedes Finanzierungsangebot bis ins Detail durch und klären Sie eventuelle Fragen ab. Erstkäufer werden sich mit dem Lesen der ersten beiden Finanzierungsangebote etwas schwertun, da viele Finanzierungsbegriffe neu sind. Sie werden aber bald merken, dass sich der Großteil dieser Informationen mit ein paar kleinen Abweichungen wiederholt und sich Ihr Wissen und Verständnis auf diesem Gebiet automatisch erweitert. Der Vorteil unterschiedlicher Finanzierungsangebote ist, dass man sich ein solides Wissen darüber aneignet, einen guten Überblick über die derzeitige Konditionen verschiedener Banken bekommt und sich anschließend für die beste Finanzierung entscheiden kann. Wenn Sie sich wohler mit Ihrer Hausbank fühlen, dann unterbreiten Sie Ihrer Hausbank das beste Angebot – entweder um ein noch besseres zu bekommen oder um letztendlich das beste Angebot einer anderen Bank anzunehmen. Also für Sie auf jeden Fall eine WIN-WIN-Situation.

Nehmen Sie sich Zeit für eine gute Finanzierung! Jeder noch so klein und gut verhandelte Unterschied kann auf eine lange Zeitspanne von 25 bis 30 Jahren einen großen finanziellen Unterschied bedeuten. Um nicht 25 bis 30 Jahre an dieselbe Bank gebunden zu sein, könnten Sie eine Klausel im Kreditvertrag vereinbaren, dass ein vorzeitiges Tilgen jederzeit möglich ist, ohne dafür eine „Pönale“ zu zahlen. Man könnte dann aus dem Vertrag leichter aussteigen (z. B., wenn die Zinsen plötzlich ansteigen und man woanders einen günstigeren Kredit bekommt) und den Kredit auf eine andere Bank umschulden. Die Zeit, die Sie sich für die verschiedenen Angebote nehmen, ist gut investiert, wenn Sie dadurch an das beste Finanzierungsangebot herankommen. Auf lange Sicht haben Sie sich dann einiges an Geld gespart – also hat sich diese investierte Zeit auch wirklich „gut bezahlt gemacht“. Neben dem Objektwert (Qualität und Lage) ist die Finanzierungsplanung die zweit wichtigste Investitionsstrategie. Vergleichen Sie alle einmaligen und laufenden Kosten, wie z. B. Bearbeitungs- und Kontoführungsgebühr, Schätzgebühr (für die Einschätzung des Wertes der Immobilie), Zinssatz (nominal und effektiv), Laufzeit, Sondertilgungen etc. und stellen Sie so lange Fragen, bis für Sie alles geklärt ist. Sie werden feststellen, dass unterschiedliche Menschen die gleichen Fragen unterschiedlich beantworten. Mit jeder neuen Information erweitern Sie Ihr Wissen auf diesem Gebiet und werden immer selbstsicherer.

Für die Mitarbeiter der Banken, die jeden Tag im Bankgeschäft unterwegs sind, ist es ein Leichtes, Ihre Fragen im Detail zu beantworten. Es ist ganz normal, dass man als Erstkäufer wenig über Finanzierungen weiß, es sei denn, man hat selbst schon einige Finanzierungen abgewickelt. Scheuen Sie sich auf keinen Fall, Fragen zu stellen. Wie gesagt, es gibt keine „dummen Fragen“, nur Menschen, die „dumm“ auf Fragen antworten. Sie sind nicht „dumm“, wenn Sie wenig über ein Thema wie Finanzierung wissen, sondern zeigen, dass Sie sehr interessiert sind und ins Detail gehen. Das ist lobenswert. Kompetente Bankangestellte nehmen sich Zeit, Ihnen Details zu erklären, und fragen ihre eigenen Vorgesetzten, sollten sie Ihre Fragen nicht beantworten können. So lernen auch diese durch Sie noch etwas dazu. Seien Sie sich bewusst: Auch Sie wählen Ihren Finanzierungspartner aus. Suchen Sie sich also jemanden, mit dem Sie ein gutes Gefühl haben, denn sollten irgendwann einmal Schwierigkeiten auftreten, ist ein guter Berater unendlich wertvoll. Grundsätzlich gilt, unterschreiben Sie nie etwas, das Sie nicht gelesen UND verstanden haben – denn Nichtwissen schützt NICHT vor dem Recht. Rechtlich gesehen bleiben Sie immer in der Verantwortung und übernehmen Haftung für alles, was Sie unterschrieben haben, auch wenn Sie es nicht genau verstanden haben, denn Sie hätten ja fragen können. Fragen Sie also so lange nach, bis Sie Klarheit gewonnen haben und dadurch gute Entscheidungen treffen können.

Banken brauchen das Geschäft mit langfristigen Finanzierungsinvestitionen und Sie sind der ideale Kunde, den es zu gewinnen gibt. Also suchen Sie sich eine gute Darlehensfinanzierung aus! Sie werden sehen, welche Unterschiede es in Bezug auf Eigenkapitalhöhen, Finanzierungsrahmen, Zinsen, Konditionen und Kosten für die Finanzierungsabwicklung bei unterschiedlichen Banken gibt.

Im Jahr 2019 sind die Zinssätze noch relativ niedrig und deswegen werden gerne Fixzinssätze für zehn, manchmal sogar 15 Jahre vereinbart. Je länger der Zeitraum für einen niedrigen

Fixzinssatz, desto besser, mit dem Vorteil, dass sich der vereinbarte effektive Zinssatz in der Fixzinssatzperiode nicht ändern kann. Für diese Sicherheit liegt ein Fixzinssatz jedoch ein bisschen höher als der variable Zinssatz. Erinnern Sie sich auch, je mehr Eigenkapital Sie mitbringen, desto geringer sind die monatlichen Darlehensrückzahlungen und damit auf lange Sicht (25 bis 30 Jahre) die Kosten des Gesamtkredites.

VORSICHT: Unterschreiben Sie keinen verbindlichen Darlehens-/Kreditvertrag, bevor der notarielle Immobilienkaufvertrag vom Verkäufer und Ihnen unterschrieben wurde. Bereiten Sie diesen bei Ihrer Bank nur vor, damit es dann zu keiner Zeitverzögerung kommt. Manche Banken inkludieren im Finanzierungsvertrag eine Nichtabnahmeentschädigung für das Darlehen. Das heißt, dass Sie zusätzliche Kosten haben, sollten Sie einen verbindlich unterschriebenen Darlehensvertrag nicht benötigen, weil z. B. der Immobilienkaufvertrag – durch welchen Grund auch immer – doch nicht zustande gekommen ist. Es kommt selten vor, dass sich ein Verkäufer vor dem Notartermin plötzlich anders entscheidet und die Immobilie doch nicht mehr verkaufen möchte.

Nominaler versus effektiver Zinssatz

Man unterscheidet zwischen nominalem und effektivem Zinssatz. Der Unterschied besteht darin, dass der Nominalzinssatz nur der Zinsprozentsatz ist und keine Nebenkosten des Kredites beinhaltet. Viele Kunden vergleichen lieber den effektiven Jahreszinssatz, da hier die Gesamtkosten des Kredits eingerechnet sind. Dieser beinhaltet neben dem Nominalzinssatz unter anderem die Spesen, Bereitstellungsprovision, Kontoführungsentgelte, Bearbeitungsgebühren und eventuelle Kosten für Versicherungsverträge etc. und erleichtert den Vergleich von unterschiedlichen Kreditangeboten.

Generell ist der Nominalzinssatz (da dieser keine Spesen beinhaltet) immer niedriger und oft kein guter Vergleichszinssatz, da die Gesamtkosten bei verschiedenen Banken unterschiedlich sind. Jede Bank sollte Ihnen ein Standardinformationsblatt ihres Kreditangebotes geben, auf dem die verschiedenen Zinssätze, Spesen, Kosten etc., also alle Kosten, detailliert aufgelistet sind. Zusätzlich könnten Sie sich von der Bank einen Tilgungsplan ausdrucken lassen, um die ungefähren Kredittilgungsraten über unterschiedliche Laufzeiten zu vergleichen.

Wie schon erwähnt waren die Kreditzinsen in meiner Kindheit viel höher, mein Vater erzählte mir von 8 bis 12 %. In den letzten 15 Jahren gab es

Effektivzinssätze mit einer fünfjährigen Fixbindung und in den letzten Jahren haben sich die Zinssätze von durchschnittlichen 6 % auf 1 bis 3 % verringert und werden in vereinzelten Fällen mit einem zehn- bis 15-jährigen Fixzinssatz angeboten. Recherchieren Sie im Internet, wie hoch das derzeitige Zinsniveau bei verschiedenen Banken ist, damit Sie vor dem Banktermin schon eine realistische Vorstellung davon haben, was derzeit angeboten wird.

Sondertilgungen

Erkundigen Sie sich über die Konditionen sogenannter Sondertilgungen. Diese freiwilligen Rückzahlungen gehen über die vereinbarten monatlichen Darlehensrückzahlungen hinaus. Durch diese könnten Sie Ihren Kredit viel schneller abzahlen, sodass dieser für Sie günstiger wird, weil Sie die Gesamtzinslast und damit die Kosten Ihres Darlehens dramatisch reduzieren. Je nach Sondertilgungskonditionen könnten Sie zusätzliche Rückzahlungen mehrmals oder nur einmal pro Jahr tätigen. In diesem Fall wird die vereinbarte Zinsrate von dem neuen verminderten Darlehenswert berechnet, da sich dieser ja durch die Sondertilgungen verringert hat. Je schneller der Kredit des Eigenheims zurückgezahlt wird, desto günstiger wird die Finanzierung, da man dadurch weniger Kosten und Zinsen über die gesamte Laufzeit zahlt. Sie könnten z. B. auch einen Teil des Urlaubs- und Weihnachtsgeldes, Gewinne, Bonuszahlungen, Schenkungen, Erbe, Abfindungen etc. für Sondertilgungen verwenden.

VORSICHT: Manche Käufer überlegen, ob sie einen Kredit über eine kürzere Laufzeit z. B. 10 bis 20 Jahre nehmen, um die Immobilie schneller abzuzahlen. Die Zinsraten sind generell für eine kürzere Laufzeit wesentlich höher und dadurch erhöht sich auch die monatliche Tilgungsrate. Diese MÜSSEN Sie dann jeden Monat zurückzahlen. Manche Käufer bevorzugen daher lieber eine längere Kreditlaufzeit, bekommen dadurch eine günstigere Zinsrate, wodurch sich die monatliche Rückzahlung verringert. Zusätzlich vereinbaren sie dann gute Konditionen für Sondertilgungen. Dadurch bleiben sie unabhängig. Man könnte diese dann freiwillig zahlen, um den Kredit schneller abzuzahlen, muss es aber nicht regelmäßig tun.

Unabhängig von Banken gibt es auch **selbstständige Kreditvermittler**, die mit verschiedenen Banken zusammenarbeiten und gute Kredite für Sie aushandeln können. Klären Sie jedoch die Konditionen, Kreditkosten und die genauen Kosten/Provisionen der Kreditvermittler (Mittelsmann) ab. Laut Österreichischer Arbeiterkammer dürfen im Falle eines Kreditabschlusses maximal 5 % der Kreditsumme (ohne Zinsen) als Provision verlangt werden. Diese wird entweder automatisch in den Kredit eingerechnet oder zusätzlich zu den Kosten des Kredits extra verrechnet. Natürlich ist diese – wie alles – verhandelbar.

Erinnern Sie sich, in einigen Ländern lässt sich die jährliche Zinsbelastung einer Finanzierung von der Einkommensteuer absetzen. Diese Beträge können – je nach Höhe – einen großen Unterschied beim jährlichen Steuerausgleich ausmachen. Manche fallen dabei sogar in eine niedrigere Steuerklasse. Erkundigen Sie sich, ob dies in Ihrem Land möglich ist. Am Jahresende könnten Sie diesbezüglich dann ein Schreiben von Ihrer Bank anfordern.

Zusätzliche Förderungsmöglichkeiten

Viele Länder, Bundesländer, Städte, Gemeinden, Kirchen, Energieversorger, Banken etc. bieten unterschiedliche Förderungsmöglichkeiten, die einem Eigenheimbesitzer sehr hilfreich sein können. Bei manchen Förderungsdarlehen bzw. Förderungszuschüssen können Sie sogar mehr als € 50,000 sparen. Eine Auflistung verschiedener Förderungsmöglichkeiten, die je nach Standort, Familienverhältnis und Einkommensgrenze unterschiedlich sind, würde hier den Rahmen sprengen. Am besten recherchieren Sie aktuelle Fördermöglichkeiten, die zu Ihrer speziellen Situation passt, im Internet.

Trotzdem möchte ich Ihnen hier eine kurzen Einblick geben, welche Förderungsmöglichkeiten es unter anderem gibt.

Staatliche Förderungen – also günstige Förderdarlehen, mit denen Sie viele tausend Euro sparen können. Darunter fallen Förderungen für den Kauf oder Bau einer Immobilie (Wohnbauförderungen der Bundesländer, Wohnchecks, Wohnraumförderungen etc.), altersgerechten Umbau eines Eigenheimes, der Sanierung, Energieförderung und Modernisierung (z. B. Solaranlagen, energieeffizientes Heizungssystem, Wärmedämmung, etc.), eine behindertengerechte Ausstattung/Umbau (z. B. nachträgliche Errichtung oder Umbau eines Personenaufzugs in Wohnhäusern, etc.). Staatliche Förderungen findet man auch für junge Ehepaare und Familien mit Kindern.

Förderungen von Kirchen – manche Kirchen und Landgemeinden bieten zinsgünstige bis zinslose Darlehen und Zuschüsse an. Am besten Sie informieren sich bei Ihrer Kirche oder Gemeinde.

Finanzierung mit Baugeld vom Bürgermeister – viele Gemeinden bemühen sich, Anreize an junge Familien zu schaffen. Manchmal werden sogar kostenlose Kindergartenplätze inkludiert. Zusätzlich bieten verschiedene Gemeinden auch geförderte Wohn-/Hausanlagen an, für die Sie sich vormerken lassen können.

Arbeitgeberdarlehen – manche Arbeitgeber geben ihren Mitarbeitern ein günstigeres Darlehen als ein herkömmlicher Darlehenskredit, jedoch ist man hier vom Arbeitgeber abhängig.

Die Förderungsarten sind unterschiedliche. Die meisten beinhalten zinsgünstige Kreditdarlehen, andere Zuschüsse also gewisse Beträge, die manchmal nicht zurückgezahlt werden müssen, Einmalzahlungen oder Sanierungschecks. Manche lassen sich miteinander kombinieren, andere nicht.

Einige Käufer qualifizieren sich für Wohnbauförderungen. Sollten Sie planen, eine Immobilie zu kaufen, wäre es gut, sich im Vorfeld mit der für Sie zuständigen Wohnbauförderungsstelle in Verbindung zu setzen. Erkundigen Sie sich, wie hoch die Wohnbauförderung ist, wie lange diese läuft, wann sie genau abgezahlt ist, ob Sie diese zurückzahlen müssen oder nicht und welche Konditionen Sie erfüllen müssen, um sich dafür zu qualifizieren. Meist sind Wohnbauförderungen an bestimmte Einkommensgrenzen gebunden.

Generell muss eine Förderung beantragt werden, da die meisten an verschiedene Voraussetzungen gebunden sind. Lassen Sie sich aber dadurch nicht abschrecken, mit einer detaillierten Recherche im Internet über Fördermöglichkeiten könnten Sie sich in Zukunft einiges an Geld sparen.

Tipps und Aktionen:

- Kontaktieren Sie drei bis fünf Banken und lassen Sie sich ein unverbindliches Angebot stellen. Sie können dies leicht in zwei bis vier Tagen erledigen.
- Klären Sie alle Fragen ab, bis Sie einen guten Überblick haben und keine Fragen mehr offen sind.
- Vergleichen Sie die Angebote. Suchen Sie sich die beste Finanzierung aus.
- Unterschreiben Sie keinen verbindlichen Darlehensvertrag, solange der legale Kaufvertrag Ihres Notars/Rechtsanwaltes (nicht zu verwechseln mit dem Kaufangebot durch den Makler) von beiden Seiten, dem Verkäufer und Ihnen, unterschrieben ist.
- Recherchieren Sie zusätzliche Fördermöglichkeiten im Internet.

Notar oder Rechtsanwalt

Notare werden üblicherweise vom Staat bestellt und führen ein öffentliches Amt. Sie sind daher vom Gesetz verpflichtet, unparteiisch und objektiv zu sein. Sie sind neutral und informieren über die Gesetzeslage.

Ein Rechtsanwalt (Kenntnisse im Immobilien- und Darlehensrecht) hingegen arbeitet subjektiv im Auftrag seines Klienten und vertritt daher mehr die einseitigen Interessen des Klienten. Er muss parteiisch sein und kann Tipps einbringen, die für den Klient nützlich sein können. Dies kann sowohl ein Vorteil als auch ein Nachteil bei Liegenschafts-/Immobilienkaufverträgen sein. Ein Rechtsanwalt kann Sie subjektiver beraten und auf gewisse Risiken aufmerksam machen. Aber es besteht auch die Gefahr, sich mit dem Verkäufer durch einen zu subjektiv aufgesetzten Kaufvertrag so sehr zu streiten, dass es letztendlich nicht zum Kauf der Immobilie kommt. Wichtig ist, dass Sie eine Person Ihres Vertrauens wählen, die Sie durch den rechtlichen Prozess des Immobilienerwerbs begleitet.

Ein Rechtsanwalt/Notar verlangt für die Kaufvertragserrichtung im Durchschnitt ein Honorar von 1 bis 3 % vom Kaufpreis der Liegenschaft (Teil der Nebenkosten). In manchen Fällen ist ein Rechtsanwalt teurer als ein Notar. Die Kosten eines Notars sind nach Tarifmodellen geregelt. Sie können im Internet nach Rechtsanwälten für Liegenschaftsrecht in Ihrer Stadt suchen und diese mit den Tarifmodellen der Notare vergleichen. In vielen Fällen ist der erste Beratungstermin kostenlos, aber überprüfen Sie das, bevor Sie den ersten Termin in Anspruch nehmen. Dadurch können Sie sich unverbindlich informieren und so einen Experten Ihres Vertrauens finden.

Manche Immobilienmakler haben ein Netz an Experten, das dem Käufer zur Verfügung gestellt wird. In einigen Fällen haben diese Experten ein größeres Vertrauensverhältnis zum Immobilienmakler als zu Ihnen, da sie durch diesen schon öfters vermittelt worden sind. Wichtig ist, dass Sie Ihre eigene Vertrauensperson finden, mit der Sie auch Fragen und eventuelle Befürchtungen in Bezug auf den Immobilienkauf klären können, sodass Sie das Gefühl haben, gut vertreten zu sein.

Es ist üblich, dass der Kaufvertrag vom Rechtsanwalt/Notar des Käufers (also Ihnen) aufgesetzt wird, da es IHR Vertrag mit IHREN Konditionen ist, für den SIE zahlen. Es wäre ungeschickt, einen Kaufvertrag vom Verkäufer zu akzeptieren, denn dieser könnte einseitig und für Sie nachteilig aufgesetzt sein und Sie müssten dann darauf reagieren. Sollten Sie einen Kaufvertrag vom Verkäufer bekommen, lassen Sie diesen auf alle Fälle vom Rechtsanwalt/Notar

Ihres Vertrauens durchsehen. Dieser weist Sie auf mögliche Nachteile bzw. Ungenauigkeiten hin, die Sie ändern können, bevor Sie den Vertrag unterschreiben. Nehmen Sie sich die Zeit, hier nochmals sehr genau zu sein, um sich Sorgen, Nerven und Geld zu ersparen. Dadurch kommt es zu einem guten Abschluss für beide Seiten. Erinnern Sie sich immer daran, SIE sitzen im „Driver Seat", SIE bringen das Geld zum Kauf mit und SIE bestimmen die ausgemachten Bedingungen, unter denen SIE diese Immobilie erwerben wollen. Es gibt schließlich auch noch viele andere Objekte, die zum Verkauf stehen, Sie müssen nicht unbedingt diese Immobilie kaufen.

Um eventuelle Schwierigkeiten durch einen vom Verkäufer aufgesetzten Kaufvertrag zu vermeiden, ist es empfehlenswert, sich einen Kaufvertragsentwurf vom eigenen Notar/Rechtsanwalt aufsetzen zu lassen. Dieser wird Ihnen dann zur Durchsicht geschickt und es kann leicht noch einiges hinzugefügt oder abgeändert werden. Wenn für Sie alles passt, schickt Ihr Notar/Rechtsanwalt den Kaufvertrag zur Durchsicht an den Verkäufer.

Der Liegenschaftskaufvertrag geht dann einige Male mit minimalen Veränderungen hin und her, bis sich beide Parteien einig sind, und anschließend wird ein gemeinsamer Termin mit beiden Parteien (Käufer und Verkäufer) beim

Notar/Rechtsanwalt vereinbart, bei dem der Kaufvertrag unterschrieben wird.

Der Notar/Rechtsanwalt weist Sie dann als Käufer an, das Eigenkapital und einen Teil der Nebenkosten auf das Treuhandkonto (in Ihrem Namen ausgestellt!) zu überweisen. Sie veranlassen zusätzlich Ihre Bank, das Finanzierungsdarlehen auf dieses Treuhandkonto zu überweisen. Wenn das Geld auf dem Treuhandkonto eingelangt ist, leitet der Notar/Rechtsanwalt alles Weitere in die Wege, um die Grundbucheintragung des neuen Eigentümers – also die Eintragung Ihres Namens – vorzunehmen. Sobald Sie im Grundbuch stehen, sind Sie rechtlicher Eigentümer Ihrer erworbenen Liegenschaft.

Üblicherweise werden der Kaufpreis und Teile der Nebenkosten (z. B. Maklergebühr etc.) erst nach erfolgter Kaufvertragsunterzeichnung UND Schlüsselübergabe vom Treuhandkonto an die einzelnen Parteien (Makler, Verkäufer) ausgezahlt. Der Termin der Schlüsselübergabe wird oft als Stichtag schriftlich im Kaufvertrag festgelegt und sollte auf jeden Fall mit einem Übergabeprotokoll vor Ort erfolgen. Verschiedene Übergabeprotokolle lassen sich leicht im Internet finden. Sie gehen mit dem Verkäufer Ihre Immobilie vor Ort das letzte Mal durch und haben eine Chance, alles was vereinbart wurde, zu überprüfen. Sollte z. B. die Garage nicht geräumt worden sein und Sie diesbezüglich jemanden organisieren müssen, der dies entgeltlich erledigt, könnten Sie diese Kosten noch vor der Auszahlung des Kaufpreises an den Verkäufer beim Notar/Rechtsanwalt geltend machen, da Sie dies in Ihrem Übergabeprotokoll festgehalten haben. Wichtig ist, dass Sie im Kaufvertrag schriftlich vereinbart haben, dass der Kaufpreis erst nach erfolgreicher Schlüsselübergabe inklusive Übergabeprotokolls an den Verkäufer erfolgt.

Sichere Bezahlung des Kaufpreises

Ein Treuhandkonto ist eine spezielle Kontoart, die der Rechtsanwalt/Notar auf eigenen Namen, aber für fremde Rechnungen bei einem Bankinstitut einrichtet. Es beinhaltet die Pflichten des Treuhänders (Notar, Rechtsanwalt etc.), um das Vermögen des Treugebers (z. B. Sie als Käufer) umfangreich zu schützen. Wenn ein Treuhandkonto für einen Klienten eröffnet wird, sollte der Name des Treugebers (also Ihr Name), die Beschreibung des Vermögens, Art der Verwaltung, Befristung und Kündigung, die Rechte des Treugebers sowie Vergütung und Pflichten des Treuhänders (Notar/Rechtsanwalt) bei der Bank in einen Treuhandvertrag angegeben werden. Diese Treuhandkonten werden generell bei Baufinanzierungen und Darlehen für den Kauf von Liegenschaften verwendet, um diese schneller und sicherer abzuwickeln. Der Verkäufer hat dadurch die Sicherheit, dass ihm die vereinbarte Kaufsumme nach der Grundbucheintragung (Einverleibung des Eigentums) auch wirklich ausgezahlt wird. Der Käufer weiß, dass sein Geld bis zur Grundbucheintragung auf dem Treuhandkonto geschützt ist und erst nach erfolgter Schlüsselübergabe/Übergabeprotokoll oder Grundbucheintragung an den Verkäufer überwiesen wird. Zahlreiche Online-Verkaufsplattformen verwenden ähnliche Treuhandkonten, damit das Geld der Kunden sicher zwischengelagert wird, bis diese die Ware erhalten haben.

Generell unterscheidet man zwischen einem **offenen Treuhandkonto,** indem Ihr Name erwähnt wird und einem **verdeckten Treuhandkonto**. Bei einem offenen Treuhandkonto ist nach außen hin ersichtlich, dass es einen Treuhandgeber (also Sie als Käufer) gibt, da Sie mit Namen genannt werden und der Treuhänder (Notar/Rechtsanwalt) in Ihrem Namen agiert. Seriöse Notare/Rechtsanwälte eröffnen automatisch ein offenes Treuhandkonto in Ihrem Namen. Sollten Sie aber ein unangenehmes Gefühl haben, überprüfen Sie dies vor der Überweisung des Kaufpreises.

Vorteil eines offenen Treuhandkontos ist, dass bei Insolvenz des Treuhänders (Notar/ Rechtsanwalt) das Vermögen des Treuhandgebers (also Ihr Geld) NICHT in die Insolvenzmasse fließt, da es geschützt ist und die Bank weiß, dass das Geld Ihnen gehört.

Die **verdeckten Treuhandkonten** sind nur auf den Namen des Treuhänders (Anwalt/Notar) ausgestellt. Das heißt, Sie als Treuhandgeber erscheinen nicht im Konto auf und haben daher auch keine Verfügungsrechte. Wenn also der Treuhänder (Notar/Rechtsanwalt) nicht wie vereinbart mit Ihrem Geld umgeht (er verwendet das Geld für etwas anderes als vereinbart), haftet die Bank nicht, da das Konto dem Treuhänder allein gehört und dieser damit machen kann, was er möchte. Nach außen hin ist also nicht ersichtlich, dass der Treuhänder in Ihrem Namen agiert.

Eine besondere Form eines offenen Treuhandkontos ist das **offene Anderkonto,** welches nur von bestimmten Berufsgruppen wie z. B. Notaren, Rechtsanwälten, Steuerberatern etc. eröffnet werden kann. In diesem sind Sie als Treuhandgeber genannt, der Notar/Rechtsanwalt agiert also in Ihrem Namen. Ihr Vermögen ist somit durch die Bank geschützt, sollte der Notar/Rechtsanwalt nicht in Ihrem Namen handeln oder sogar Insolvenz anmelden. Informieren Sie sich bitte bei Ihrem Rechtsanwalt/Notar, welches Treuhandkonto eröffnet wurde, und versichern Sie sich, dass es ein offenes Treuhandkonto in Ihrem Namen als Treuhandgeber ist, bevor Sie Ihr Geld überweisen. Dieses Treuhandkonto sollte auch schriftlich im Kaufvertrag erwähnt werden. Die Kosten dieser Konten sind in vielen Fällen minimal. Einige Banken bieten für normale Treuhandkonten auch eine kostenfreie Kontoführung an.

Generell sollten Sie nie Bargeld auszahlen oder direkte Überweisungen an den Verkäufer vornehmen, sondern dies immer treuhänderisch (offenes Treuhandkonto mit Ihrem Namen) beim Notar/Rechtsanwalt hinterlegen. Der Kaufpreis sollte dem Verkäufer erst dann ausgezahlt werden, wenn die Grundbucheintragung lastenfrei vollzogen ist.

Bekommt der Verkäufer den Kaufpreis direkt von Ihnen ausgezahlt (Bargeld oder durch eine Überweisung), könnte es im schlimmsten Falle passieren, dass der Verkäufer Sie vielleicht nicht lastenfrei oder gar nicht in das Grundbuch eintragen lässt. Dann besäßen Sie weder die Immobilie noch das Geld, das Sie dem Verkäufer dafür gegeben haben. Oder Sie haben eine Liegenschaft mit Schulden, die an die Liegenschaft gebunden sind, erworben, also verbleibende Grundschulden von anderen Gläubigern (vorangegangene Finanzierungen, Rechte an Dritte etc.), die durch die Liegenschaft gedeckt sind und die Sie unwissentlich mitübernommen haben. Dann könnte es sein, dass Sie als neuer Eigentümer diese ausstehenden Schulden zahlen müssen. Es könnte auch sein, dass der Verkäufer plötzlich mit Ihrem Geld verschwindet und unauffindbar wird und Ihnen die Immobilie gar nicht gehört, da Ihr Name nicht im Grundbuch eingetragen wurde.

Vertrauen ist gut, aber bei finanziellen Angelegenheiten sind Kontrolle und Sicherheit immer besser! Dies ist vor allem wichtig bei Familien, Freunden und Bekannten! Die größten Streitigkeiten entstehen oft durch einen Vertrauensbruch – vor allem, wenn es um Geld geht und nicht alles schriftlich im Vorhinein klar geregelt wurde. Damit das Eigentum bzw. Vermögen beider Parteien gesichert ist, sollte für diese Überbrückungszeit der Geldüberweisung, bis zur Grundbucheintragung und endgültigen Schlüsselübergabe immer ein offenes Treuhandkonto in Ihrem Namen als Käufer eröffnet werden.

Kaufvertrag

Wenn Sie eine Immobilie kaufen, ist es wichtig, einen rechtlichen Liegenschaftskaufvertrag aufsetzen zu lassen. Der Kaufvertrag sollte unbedingt, wie schon erwähnt, von Ihrem Notar/Rechtsanwalt aufgesetzt werden. Sprechen Sie den Kaufvertrag Punkt für Punkt mit dem Anwalt/Notar Ihres Vertrauens durch, damit Sie auch alles genau verstehen. Haben Sie einmal unterschrieben, können Sie im Nachhinein absolut nichts mehr ändern, außer die andere Partei, der Verkäufer, stimmt zu.

Ein Kaufvertrag sollte unter anderem folgende wichtige Punkte inkludieren:

- Name und Anschrift der Vertragsparteien
- Kaufgegenstand, also die Immobilie und/oder Liegenschaft, mit genauer Beschreibung (Grundbuch, Wegerecht etc.)
- Auflistung des beweglichen Inventars/Mobiliars (Einrichtungsgegenstände oder Zubehör), welches im Kauf inkludiert werden soll. Durch Zuweisung eines Teils des Kaufpreises dafür könnte man in verschiedenen Ländern die Bemessungsgrundlage der Grunderwerbssteuer reduzieren, da diese für Mobiliar in vielen Fällen nicht

berechnet wird. Erkundigen Sie sich diesbezüglich, denn Sie könnten sich hier wieder Geld sparen!

- Kaufpreis und Zahlungsweise (ein offenes Treuhandkonto in Ihrem Namen!), Zahlungstermin und Verzugsfolgen
- Lastenfreiheit des Kaufgegenstandes, damit Sie keine Drittlasten übernehmen
- Gewährleistungen der gekauften Gegenstände könnten inkludiert werden, sodass bei Mängeln, Altlasten oder sonstigen Kontaminierungen etc. der Verkäufer in der Haftung bleibt. Verkäufer drängen generell auf den Ausschluss der Gewährleistung, weil diese oft selbst die Immobilie ohne Gewährleistung übernommen haben. Das ist verständlich.
- Eintragung ins Grundbuch, ein Termin für die Schlüsselübergabe der Immobilie inklusive des Übergabeprotokolls
- Gerichtsstand bei Streitigkeiten und Aufteilung der Kosten des Vertrages etc.
- Typisch übliche Liegenschaft Vertragsparagraphen, die von einem Rechtsanwalt/Notar generell inkludiert werden

Der Kaufvertrag wird dann von beiden Vertragsparteien unterschrieben und beglaubigt. Sehen Sie sich Muster verschiedener Immobilienkaufverträge im Internet an.

VORSICHT: Wenn Sie eine Immobilie kaufen, sollten Sie immer einen schriftlichen Liegenschaftskaufvertrag aufsetzen lassen, machen Sie so etwas NIE mündlich oder per Handschlag, auch wenn Sie den Verkäufer noch so gut kennen. Solange sich alle gut verstehen und einig sind, passt es perfekt. Kommt es aber irgendwann zu Uneinigkeiten, kann sich keiner mehr an die genauen mündlichen Vereinbarungen erinnern oder hat diese dann anders ausgelegt als man selbst. So könnten die schlimmsten Feindschaften bis zum Lebensende entstehen. Das wäre sehr schade. Lassen Sie das nicht zu. Ein schriftlicher Kaufvertrag/Vereinbarung bringt Klarheit, er zeigt auch noch nach Jahren, was vereinbart wurde, und beruhigt dadurch alle Gemüter.

Grundbuch, Einverleibung, Eigentum

Das Grundbuch ist ein öffentliches Buch, welches alle Grundstücke und die sie betreffenden Rechte schriftlich auflistet. Es definiert das Eigentum und beinhaltet Pfandrechte, Rangordnungen, Baurechte, Dienstbarkeiten, Wegerechte etc. Jeder kann beim zuständigen Bezirksgericht Einsicht in bzw. Auskunft über verschiedene Grundstücke erhalten. Wie schon erwähnt, kann man dort eine Kopie des damit verbundenen Kaufvertrages beantragen, da diese öffentlich zur Einsicht freigegeben sind.

Ein beglaubigter/notarieller, unterfertigter Kaufvertrag, der von beiden Parteien (Verkäufer und Käufer) beim Kauftermin unterschrieben wurde, wird anschließend vom Vertragserrichter dem zuständigen Finanzamt für Gebühren und Verkehrssteuern vorgelegt und die Grunderwerbssteuer (Teil der Nebenkosten) wird errechnet.

Nachdem diese Grunderwerbssteuer vom Käufer bezahlt ist, stellt das Finanzamt die sogenannte „Unbedenklichkeitsbescheinigung“ aus, welche die Voraussetzung für die Eintragung in das Grundbuch ist. Anschließend verfasst der Vertragserrichter das Grundbuchgesuch und reicht es mit allen Unterlagen beim Bezirksgericht ein.

Als Käufer werden Sie dann über einen Beschluss von der Eintragung Ihres Eigentums in das Grundbuch durch das Bezirksgericht verständigt. Somit gehört die Liegenschaft/Immobilie tatsächlich Ihnen, da Sie jetzt als rechtmäßiger Eigentümer Ihrer Immobilie im Grundbuch eingetragen sind.

Zwischen dem Besitzübergang (Unterscheiben des beglaubigten Kaufvertrages; Sie besitzen nun die Immobilie ab dem im Kaufvertrag erwähnten Stichtag) und dem eigentlichen Eigentumsübergang (Eintragung ins Grundbuch; jetzt sind Sie Eigentümer) können ungefähr ein bis drei Monate vergehen.

Es ist also üblich, dass Sie nach der Schlüsselübergabe als **Besitzer** in Ihre Immobilie mit allen Rechten und Pflichten eines Immobilieneigentümers einziehen können. Wie bereits erwähnt, erfolgt die Eintragung ins Grundbuch als **Eigentümer** in manchen Fällen zeitverzögert. Sollten Sie sich jedoch unsicher sein und möchten den Eigentumsübergang (Eintragung ins Grundbuch) mit dem Besitzübergang (Stichtag der Schlüsselübergabe im Kaufvertrag) zeitgleich planen, sollten Sie dies unbedingt im Kaufvertrag festhalten.

Vergessen Sie nicht, Ihre Immobilie ab dem Stichtag (Datum des Besitzübergangs im Kaufvertrag) durch eine Gebäudeversicherung abzusichern, damit Ihr Eigentum geschützt ist. Sprechen Sie diesbezüglich mit Ihrem Versicherungsträger. Zusätzlich sollten Ihre neuen Anbieter für Strom, Wasser, Telefon, Internet etc. ebenfalls informiert werden, damit alles reibungslos funktioniert und ab dem Stichtag auf Sie, als neuen Besitzer, laufen. Um eventuell ausständige Rechnungen bestehender Hauskonten (z. B. Müllabfuhr, Gemeindesteuer, Wasser/Strom etc.) vom Verkäufer zu vermeiden, lassen Sie am besten neue Konten auf Ihren Namen einrichten. Dadurch müssen sich die Firmen mit dem Verkäufer direkt in Verbindung setzen und die Unannehmlichkeit eventuell ausstehender Rechnungen laufen nicht über Sie.

Damit kommen wir nun zum letzten gemeinsamen Termin mit dem Verkäufer – der Schlüsselübergabe und dem Übergabeprotokoll.

Schlüsselübergabe

Ein langer Weg liegt hinter Ihnen. Nun treffen Sie sich ein letztes Mal mit dem Verkäufer in Ihrer Immobilie zur Schlüsselübergabe.

Bei diesem Treffen werden die Schlüssel und damit die Rechte und Pflichten der Immobilie an Sie übergeben. Verschiedene Muster von Übergabeprotokollen können Sie problemlos im Internet finden. Dies wird Ihnen helfen, die Übergabe der Immobilie systematisch abzuschließen, indem Sie alle Gegenstände gemeinsam durchgehen. Hier können Sie eventuelle Mängel schriftlich festhalten, sollten z. B. Dinge anders als bei der Übergabe vereinbart eingetreten sein. Ein Beispiel wäre, dass vielleicht die Dachrinne nicht wie vereinbart repariert wurde oder ein Teil des Mobiliars fehlt, obwohl dieses im Kaufpreis inkludiert wurde. Es kann von Vorteil sein, dies schriftlich und fotografisch festzuhalten. Diese Kosten könnten eventuell nach Absprache mit Ihrem Notar/Rechtsanwalt vom Kaufpreis abgezogen werden, bevor der Kaufpreis dem Verkäufer überwiesen wird. Vergessen Sie nicht zusätzlich die Strom-, Wasser, und Heizungsstände abzulesen, damit eine klare Endabrechnung bei den Vertragskonten eingereicht werden kann.

Bei der Schlüsselübergabe sollten Sie alle Schlüssel (Haustür, Gartentür, Postkasten, Garagentür,

Garage etc.), die es für diese Liegenschaft gibt, erhalten. Manche Besitzer haben nicht mehr alle Schlüssel, einige sind verloren gegangen oder gestohlen worden, oder Nachbarn, Kinder, Gärtner, Hausangestellte etc. haben einen Ersatzschlüssel. In vielen Fällen wissen Sie nicht, ob Sie wirklich über alle Schlüssel verfügen. Um ganz sicher zu sein, könnten Sie einen Schlosser beauftragen, alle Schlösser in Ihrem neuen Eigenheim auszutauschen. Diese kleine zusätzliche Investition könnte Ihr Eigenheim zu 100 % sichern und Sie in Zukunft viel ruhiger schlafen lassen. Die Kosten für diese Sicherheit sind oft minimal.

Sollten Sie eine Renovierung planen, wie Wände einziehen/ausmalen, Räume vergrößern, Küche oder Badezimmer erneuern etc., wäre es am besten, dies gleich vor dem Umzug vorzunehmen. Die Immobilie ist komplett leer, und oft kommt es auf ein paar Wochen länger auch nicht mehr an. Damit könnten Sie anschließend in ein völlig „neues" Eigenheim einziehen und müssen nicht den Staub, Schmutz und Lärm der Renovierungsarbeiten auf sich nehmen.

Tipps und Aktionen:

- Recherchieren Sie verschiedene Immobilienkaufverträge im Vorfeld.
- Suchen Sie sich einen Notar/Anwalt Ihres Vertrauens, der Ihren Kaufvertragsentwurf aufsetzt.
- Klären Sie Fragen, die Sie bezüglich des Kaufvertrages haben, und nehmen Sie kleine Veränderungen vor, die Sie für notwendig halten.
- Versichern Sie sich, dass das offene Treuhandkonto in Ihrem Namen eröffnet wurde und im Kaufvertrag erwähnt wird.
- Überlegen Sie, ob der Stichtag der Schlüsselübergabe (Besitzer) mit dem Tag der Grundbucheintragung (Eigentümer) synchronisiert werden soll oder ob Sie schon früher in Ihre Immobilie als Besitzer einziehen möchten.
- Vereinbaren Sie einen gemeinsamen Termin vor Ort zur Schlüsselübergabe inklusive einem Übergabeprotokoll.
- Recherchieren Sie verschiedene Muster eines Immobilien- Übergabeprotokolls im Internet und gehen Sie dieses dann Schritt für Schritt mit dem Verkäufer durch.
- Haben Sie alle Schlüssel bekommen?

Schlusswort

Zu diesem Zeitpunkt möchte ich Ihnen gratulieren!

Sie haben es geschafft, sich in kurzer Zeit mit den wichtigsten Informationen zum Kauf einer Immobilie und dem Prozess des Immobilienkaufes vertraut zu machen.

Wenn dieses Gebiet komplett neu für Sie ist, ist es völlig normal, mit den geballten Informationen etwas überfordert zu sein. Dies geht sogar erfahrenen Experten so, wenn sich diese in ein neues, unbekanntes Gebiet einarbeiten. Keine Angst, Sie werden sehen, dass Sie im Laufe Ihres Immobilienkaufes immer wieder auf ähnliche Informationen stoßen, die Ihnen durch dieses Buch schon vertraut geworden sind. Sie werden merken, dass Sie dadurch schon viel selbstsicherer auftreten und gute Fragen stellen können.

Aus meiner langjährigen Erfahrung als ehemalige Immobilienmaklerin weiß ich, dass die meisten Erstkäufer weit weniger wissen als Sie jetzt. Ich habe in Kanada viele Verkäufer und Käufer begleitet und festgestellt, dass man die wichtigsten 20 % des Immobilienkaufwissens schon vorher kennen sollte, die oft 80 % erfolgreicher Kaufentscheidungen ausmachen.

Dieser unabhängige Leitfaden hat Ihnen die wichtigsten Informationen beim Immobilienkauf aufgezeigt. Die aktuellen Detailinformationen, die direkt mit dem „Kauf Ihrer Immobilie“ zusammenhängen, bekommen Sie vor Ort von den einzelnen Experten in Ihrem zukünftigen Expertenteam (Immobiliensachverständiger, Makler, Bank, Notar bzw. Anwalt, Versicherungsmakler etc.).

Ich hoffe, es ist mir gelungen, Sie mit ausreichend kompaktem Wissen und leicht verständlichen Tipps für Ihren ersten Immobilienkauf zu versorgen. Es würde mich sehr freuen, wenn Sie dadurch selbstsicher auftreten und sich vieles an Zeit, Nerven und Kosten sparen können.

Ich wünsche Ihnen viel Spaß bei der Verwirklichung einer der größten Investitionen Ihres Lebens. Wenn Ihnen dieses Buch gefallen hat, würde ich mich über eine Weiterempfehlung und ein nettes Feedback auf Amazon sehr freuen. Damit signalisieren Sie auch anderen Menschen, die ebenfalls das erste Mal in eine Immobilie investieren möchten, dass Ihnen dieses Buch mit wertvollen Tipps geholfen hat.

In diesem Sinne –

Happy Home Hunting!

Quellen:

James Cherowbrier,"Home ownership rate in selected European countries in 2018", https://www.statista.com/statistics/246355/home-ownership-rate-in-europe/ (Stand: 8.10.2019)

Wikipedia, „List of countries by home ownership rate", https://en.wikipedia.org/wiki/List_of_countries_by_home_ownership_rate (Stand: 8.10.2019)

WKO Statistik, „Inflationsraten 1995 – 2020), http://wko.at/statistik/prognose/inflation.pdf (Stand 22.10.2019)

Jusline.at, „§30a KSchG Rücktritt von Immobiliengeschäften", https://www.jusline.at/gesetz/kschg/paragraf/30a (Stand: 8.10.2019)

AK Niederösterreich, „Rücktritt von Immobiliengeschäften", https://noe.arbeiterkammer.at/beratung/konsumentenschutz/Wohnen/ruecktritt_immobiliengeschaeft.html (Stand: 8.10.2019)

Sarah Anna Linton, „Maklerprovision", https://www.stadt-wien.at/immobilien-wohnen/maklerprovision.html (Stand: 8.10.2019)

Mietervereinigung Wien, „Betriebskostenspiegel 2019 der Mietervereinigung Wien", https://mietervereinigung.at/News/841/52153/Betriebskostenspiegel-2019-der-Mietervereinigung-Wien (Stand: 8.10.2019)

Statistik Austria, „Immobilien Durchschnittspreise", https://www.statistik.at/web_de/statistiken/wirtschaft/preise/immobilien_durchschnittspreise/index.html (Stand: 8.10.2019)

Wirtschaftskammer Österreich, „Immobilienpreisspiegel 2019", https://www.wko.at/branchen/information-consulting/immobilien-vermoegenstreuhaender/Preisspiegel.html (Stand: 8.10.2019)

Printed in Poland
by Amazon Fulfillment
Poland Sp. z o.o., Wrocław

53235581R00085